Nebe II

A dvanáct bran je z dvanácti perel,
každá z jediné perly.
A náměstí toho města je z ryzího zlata jako
z průzračného křišťálu.

(Zjevení 21:21)

Nebe II

Naplněno Boží Slávou

DR. JAEROCK LEE

Nebe II : Dr. Jaerock Lee
Vydavatelství Urim Books (Zástupce: Seongnam Vin)
73, Yeouidaebang-ro 22-gil, Dongjak-gu, Seoul Korea
www.urimbooks.com

Tato kniha ani žádná její část se bez předchozího písemného povolení vydavatele nesmí žádným způsobem množit, ukládat do vyhledávacího systému nebo jakoukoliv formou či jakýmkoliv způsobem rozšiřovat, ať už elektronicky, mechanicky, fotokopírováním, nahráváním nebo jinak.

Pokud není uvedeno jinak, všechny citace z Písma pocházejí z Bible svaté, ČESKÉHO EKUMENICKÉHO PŘEKLADU, ®, Copyright © 1995 vydaného Českou biblickou společností. Použito s povolením.

Copyright © 2017 Dr. Jaerock Lee
ISBN: 979-11-263-0272-7 04230
ISBN: 979-11-263-0050-1 (set)
Copyright překladu © 2013 Dr. Esther K. Chung. Použito s povolením.

Předtím vydáno v roce 2002 v korejštině vydavatelstvím Urim Books

První vydání Dubna 2017

Úpravy: Dr. Geumsun Vin
Vnější úprava: Vydavatelství Urim Books
Tisk: Tiskařství Prione
Více informací získáte na: urimbook@hotmail.com

Předmluva

Modlím se, abyste se mohli stát skutečnými Božími dětmi a sdílet opravdovou lásku ve věčném štěstí a radosti v novém Jeruzalémě, který oplývá Boží láskou...

Vzdávám všechny své díky a slávu Bohu Otci, který mi jasně zjevil život v nebi a požehnal nám k vydání knihy *Nebe I: Jasné a Překrásné jako Křišťál* a nyní *Nebe II: Naplněno Boží Slávou*.

Dlouho jsem toužil dozvědět se dopodrobna o nebi a setrvával jsem kvůli tomu v modlitbách a půstu. Po sedmi letech Bůh nakonec odpověděl na mé modlitby a dnes mi odhaluje ještě hlubší tajemství duchovního světa.

V první z dvoudílné série *Nebe* jsem stručně představil různé příbytky v nebi a rozdělil je na ráj, první království, druhé království, třetí království a nový Jeruzalém. Druhá série prozkoumává do větších podrobností nový Jeruzalém, nejkrásnější a nejslavnější nebeský příbytek.

Bůh lásky zjevil nový Jeruzalém apoštolu Janovi a dovolil

mu vše zaznamenat do Bible. Dnes, kdy je Ježíšův příchod blíž než kdykoliv jindy, vylévá Bůh Ducha svatého na nespočet lidí a odhaluje jim nebe do nejmenšího detailu. To proto, aby nevěřící na celém světě uvěřili v posmrtný život, který se skládá z nebe a pekla a aby ti, kdo vyznají svou víru v Ježíše Krista, vedli vítězné životy a snažili se šířit evangelium po celé zeměkouli.

Proto apoštol Pavel, který byl povolán k šíření evangelia mezi pohany, napomenul svého duchovního syna Timotea: *„Avšak ty buď ve všem střízlivý, snášej útrapy, konej dílo zvěstovatele evangelia a cele se věnuj své službě"* (2 Timoteovi 4:5).

Bůh mi jasně zjevil nebe a peklo, abych šířil zprávu o nastávajícím konci věků do všech čtyř koutů světa. Bůh chce, aby všichni lidé získali spasení; nechce vidět ani jednu jedinou duši jít do pekla. A co víc, Bůh chce, aby co nejvíce lidí vstoupilo a trvale přebývalo v novém Jeruzalémě.

A tak by nikdo neměl soudit nebo odsuzovat tato Bohem

daná poselství zjevená inspirací Ducha svatého.

V knize *Nebe II* naleznete velmi mnoho tajemství týkajících se nebe, jako jsou podoba Boha, který existoval ještě předtím, než začal čas, Božího trůnu a podobně. Věřím, že takovéto podrobnosti a popisy poskytnou všem lidem, kteří upřímně touží po nebi, obrovské štěstí a radost.

Svaté město nový Jeruzalém, vybudované z nesmírné Boží lásky a s podivuhodnou Boží mocí, je naplněno Boží slávou. V novém Jeruzalémě se nachází duchovní vrchol, kde Bůh sám sebe zformoval do Trojice, aby mohl uskutečňovat tříbení člověka, a samotný Boží trůn. Dokážete si představit, jak velkolepé, nádherné a jasné celé místo bude? Je to tak fantastické a svaté místo, že jej rozhodně nemůže pochopit žádná lidská moudrost!

Proto si musíte uvědomit, že nový Jeruzalém není odměnou pro všechny, kdo získají spasení. Místo toho je dáno pouze těm

Božím dětem, jejichž srdce, potom co byla dlouhý čas na této zemi tříbena, odtud odchází ryzí a čistá jako křišťál.

Děkuji Geumsun Vin, ředitelce vydavatelství, jejím spolupracovníkům a překladatelské kanceláři za tuto publikaci.

Ve jménu Pána Ježíše Krista žehnám všem, kdo budou číst tuto knihu, aby se stali skutečnými Božími dětmi a sdíleli opravdovou lásku ve věčném štěstí a radosti v novém Jeruzalémě, který je naplněn Boží slávou!

Úvod

Doufám, že vám bude požehnáno, když odhalíte i v tom nejjasnějším detailu nový Jeruzalém a budete pobývat na věčnosti co nejblíže Božímu trůnu v nebi...

Vzdávám všechny své díky a slávu Bohu, který nám požehnal k vydání knihy *Nebe I: Jasné a Překrásné jako Křišťál* a nyní k jejímu pokračování *Nebe II: Naplněno Boží Slávou*.

Tato kniha se skládá z devíti kapitol, z nichž každá podává jasný popis nejsvatějšího a nejkrásnějšího příbytku v nebi, nového Jeruzaléma, co se týče jeho velikosti, nádhery a života v něm.

Kapitola 1, „Nový Jeruzalém: Naplněn Boží slávou," podává přehled nového Jeruzaléma a vysvětluje taková tajemství jako Boží trůn a vrchol duchovního světa, ve kterém Bůh sám sebe zformoval do Trojice.

Kapitola 2, „Jména dvanácti kmenů a dvanácti apoštolů," se

zabývá vnějším vzezřením města nový Jeruzalém. Je obklopeno vysokými a mohutnými hradbami a jména dvanácti izraelských kmenů jsou napsána na dvanácti branách města vedoucích do všech čtyř světových stran. Na dvanácti základech města jsou jména dvanácti apoštolů, přičemž důvod a význam každého nápisu bude objasněn.

V kapitole 3, „Velikost nového Jeruzaléma," odhalíte vzezření a rozměry nového Jeruzaléma. Tato kapitola vysvětluje, proč Bůh měří velikost nového Jeruzaléma zlatou mírou a také to, že aby někdo vstoupil a přebýval v tomto městě, musí mít všechny příslušné duchovní předpoklady měřené zlatou mírou.

Kapitola 4, „Učiněné z ryzího zlata a drahokamů všech barev," detailně prozkoumává každý materiál, ze kterého je svaté město nový Jeruzalém postaveno. Celé město je vyzdobené ryzím zlatem a jinými drahými kameny a tato kapitola popisuje nádheru jejich barev, třpytu a jasu. Kromě vysvětlení důvodu, proč Bůh ozdobil hradby města jaspisem a celý nový Jeruzalém ryzím zlatem, které září jako křišťál, se tato kapitola také zamýšlí nad významem duchovní víry.

Úvod

V kapitole 5, „Významy dvanácti základů," se dozvíte o hradbách nového Jeruzaléma, postavených na dvanácti základech a o nádheře a duchovním významu jaspisu, safíru, chalcedonu, smaragdu, sardonyxu, karneolu, chrysolitu, berylu, topasu, chrysoprasu, hyacintu a ametystu. Když přičtete duchovní význam každého z dvanácti drahokamů, vypozorujete z nich Boží srdce a srdce Ježíše Krista. Kapitola vás povzbudí k tomu, abyste dosáhli srdce symbolizovaného dvanácti drahokamy a mohli tak vstoupit a věčně přebývat v novém Jeruzalémě.

Kapitola 6, „Dvanáct perlových bran a zlaté náměstí," objasňuje důvody a duchovní význam toho, proč Bůh vytvořil dvanáct bran z perel stejně jako duchovní smysl zlatého náměstí zářícího jako křišťál. Zrovna jako mušle vytvoří vzácnou perlu potom, co musí snést velikou bolest, tato kapitola vás povzbuzuje k tomu, abyste běželi směrem k dvanácti branám z perel v novém Jeruzalémě potom, co s vírou a nadějí překonáte veškeré utrpení a zkoušky.

Kapitola 7, „Okouzlující podívaná," vás zavede dovnitř městských hradeb nového Jeruzaléma, který je vždy jasně osvětlený. Dozvíte se o duchovním významu fráze: „Jeho chrámem je Pán Bůh všemohoucí a Beránek," o velikosti a nádheře zámku, ve kterém sídlí Pán a slávě lidí, kteří vstoupí do nového Jeruzaléma, aby strávili věčnost s Pánem.

Kapitola 8, „Viděl jsem svaté město, nový Jeruzalém," vám představí dům jednoho jednotlivce mezi mnohými, kteří vedli věrné a posvěcené životy na zemi a obdrží veliké odměny v nebi. Tím, že si přečtete o různě velkých a nádherných nebeských domech, mnoha druzích vybavení a celkovém životě v nebi, budete moci letmo spatřit šťastné dny, které před námi leží v novém Jeruzalémě.

Devátá a poslední kapitola, „První hostina v novém Jeruzalémě," vás zavede na dějiště první hostiny, která se bude konat v novém Jeruzalémě potom, co proběhne soud u velkého bílého trůnu. Po představení některých praotců víry, kteří přebývají blízko Božího trůnu, končí kniha *Nebe II* požehnáním každému čtenáři k tomu, aby dosáhl srdce, které bude ryzí a čisté jako křišťál, aby mohl přebývat blíže Božího trůnu v novém Jeruzalémě.

Čím více se dozvíte o nebi, tím úžasnější se pro vás stane. Nový Jeruzalém, který může být považován za „jádro" nebe, je místem, kde naleznete Boží trůn. Pokud víte o nádheře a slávě nového Jeruzaléma, jistě budete opravdově doufat v nebe a budete mít jasnou představu o svém životě v Kristu.

Protože je dnes doba Ježíšova návratu, před kterým dokončí přípravu našich příbytků v nebi, mimořádně blízko, doufám, že se díky knize *Nebe II: Naplněno Boží Slávou* také připravíte na věčný život.

Ve jménu Pána Ježíše Krista se modlím, abyste mohli přebývat blízko Božího trůnu tím, že se budete posvěcovat s vroucí nadějí života v novém Jeruzalémě a budete věrní ve všech povinnostech, které vám Bůh uloží.

Geumsun Vin,
Ředitelka vydavatelství

Obsah

Předmluva

Úvod

Kapitola 1 **Nový Jeruzalém: Naplněn Boží slávou** • 1
    1. V novém Jeruzalémě je Boží trůn
    2. Prvotní Boží trůn
    3. Nevěsta beránkova
    4. Zářící jako třpyt drahokamu a jasné jako křišťál

Kapitola 2 **Jména dvanácti kmenů a dvanácti apoštolů** • 15
    1. Dvanáct andělů střežících brány
    2. Jména dvanácti kmenů Izraele napsaná na dvanácti branách
    3. Jména dvanácti učedníků napsaná na dvanácti základech

Kapitola 3 **Velikost nového Jeruzaléma** • 35
    1. Měřeno zlatým rákosem
    2. Nový Jeruzalém vystavěný do čtverce

Kapitola 4 **Učiněné z ryzího zlata a drahokamů všech barev** • 45
    1. Ozdobené ryzím zlatem a různými drahokamy
    2. Hradby nového Jeruzaléma vytvořené z jaspisu
    3. Učiněné z ryzího zlata, zářícího jako křišťál

Kapitola 5 **Významy dvanácti základů** • 57

1. Jaspis: duchovní víra
2. Safír: přímost a neporušenost
3. Chalcedon: nevinnost a obětavá láska
4. Smaragd: spravedlnost a bezúhonnost
5. Sardonyx: duchovní věrnost
6. Karneol: vášnivá láska
7. Chrysolit: milosrdenství
8. Beryl: trpělivost
9. Topas: duchovní dobrota
10. Chrysopras: sebeovládání
11. Hyacint: čistota a svatost
12. Ametyst: krása a pokora

Kapitola 6 **Dvanáct perlových bran a zlaté náměstí** • 103

1. Dvanáct perlových bran
2. Náměstí z ryzího zlata

Kapitola 7 **Okouzlující podívaná** • 119

1. Není zapotřebí záře slunce ani měsíce
2. Extáze nového Jeruzaléma
3. Navždy s Pánem, naším ženichem
4. Sláva obyvatel nového Jeruzaléma

Kapitola 8 **„Viděl jsem svaté město, nový Jeruzalém"** • 143

1. Nebeské domy nepředstavitelných rozměrů
2. Velkolepý zámek s naprostým soukromím
3. Okružní prohlídka nebem

Kapitola 9 **První hostina v novém Jeruzalémě** • 173

1. První hostina v novém Jeruzalémě
2. Proroci ve skupině nejvyšších hodností v nebi
3. Krásné ženy v Božích očích
4. Marie z Magdaly stojící blízko Božího trůnu

Kapitola 1

Nový Jeruzalém: Naplněn Boží slávou

1. V novém Jeruzalémě je Boží trůn
2. Prvotní Boží trůn
3. Nevěsta beránkova
4. Zářící jako třpyt drahokamu a jasné jako křišťál

*Ve vytržení ducha mě vyvedl
na velikou a vysokou horu
a ukázal mi svaté město Jeruzalém,
jak sestupuje z nebe od Boha,
zářící Boží slávou;
jeho jas jako nejdražší drahokam
a jako průzračný křišťál.*

- Zjevení 21:10-11 -

Nebe je království ve čtyřrozměrném světě ovládané samotným Bohem lásky a spravedlnosti. Třebaže není viditelné pouhým okem, nebe bezpochyby existuje. Jakým štěstím, radostí, díky a slávou bude nebe oplývat vzhledem k tomu, že to je nejlepší dar, který Bůh připravil pro své děti, ktcré získaly spascní? V nebi však existují také různé příbytky. Je zde nový Jeruzalém, ve kterém se nachází Boží trůn a je zde rovněž ráj, ve kterém budou věčně pobývat lidé, kteří byli stěží spaseni. Zrovna jako se na zemi významně liší život v chatrči a život v královském zámku, existuje veliký rozdíl ve slávě mezi pobytem v ráji a pobytem v novém Jeruzalémě.

Nicméně, někteří věřící pokládají „nebe" a „nový Jeruzalém" za jedno a totéž a někteří z nich dokonce ani nevědí, že existuje nový Jeruzalém. Jak je to politováníhodné! Není snadné dosáhnout nebe, i když o něm víte. Jak potom může někdo směřovat k novému Jeruzalému, aniž by o něm věděl?

Proto Bůh zjevil nový Jeruzalém apoštolu Janovi a nechal ho o něm udělat podrobný zápis do Bible. Zjevení 21 se novým Jeruzalémem zabývá do hloubky, Jan byl pohnut při pouhém pohledu na jeho vzezření.

Ve Zjevení 21:10-11 vyznal: *„Ve vytržení ducha mě vyvedl na velikou a vysokou horu a ukázal mi svaté město Jeruzalém, jak sestupuje z nebe od Boha, zářící Boží slávou; jeho jas jako nejdražší drahokam a jako průzračný křišťál."*

Proč je tedy nový Jeruzalém naplněn Boží slávou?

1. V novém Jeruzalémě je Boží trůn

V novém Jeruzalémě se nachází Boží trůn. Jak plný Boží slávy nový Jeruzalém bude vzhledem k tomu, že v něm přebývá samotný Bůh?

Proto můžete ve Zjevení 4:8 vidět, že lidé vzdávají Bohu slávu, díky a čest dnem i nocí: *„Všechny čtyři bytosti jedna jako druhá měly po šesti křídlech a plno očí hledících ven i dovnitř. A bez ustání dnem i nocí volají: ,Svatý, svatý, svatý Hospodin, Bůh všemohoucí, ten, který byl a který jest a který přichází.'"*

Nový Jeruzalém je také nazýván „svaté město," protože je vytvořen nanovo slovem Boha, který je skutečný, bezúhonný a samotným světlem bez nejmenší tmy.

Jeruzalém je místem, kde Ježíš, který přišel v těle, aby otevřel cestu spasení pro všechny lidi, kázal evangelium a naplnil Zákon láskou. Proto Bůh postavil nový Jeruzalém, aby v něm zůstávali všichni věřící, kteří naplnili Zákon láskou.

Boží trůn uprostřed nového Jeruzaléma

Kde v novém Jeruzalémě je tedy Boží trůn? Odpověď můžeme najít ve Zjevení 22:3-4:

A nebude tam nic prokletého. Bude tam trůn Boží a Beránkův; jeho služebníci mu budou sloužit, budou hledět na jeho tvář a na čele ponesou jeho jméno.

Boží trůn je umístěn uprostřed nového Jeruzaléma a pouze ti, kdo zachovávají Boží slovo jako poslušní služebníci, tam mohou vstoupit a hledět na Boží tvář.

To proto, že nám Bůh v Židům 12:14 řekl: „*Usilujte o pokoj se všemi a o svatost, bez níž nikdo nespatří Pána,*" a v Matoušovi 5:8: „*Blaze těm, kdo mají čisté srdce, neboť oni uzří Boha.*"

Proto byste si měli uvědomit, že ne každý může vstoupit do nového Jeruzaléma, který je sídlem Božího trůnu. Stejně tak nemůže ani na tomto světě každý vstoupit do pokoje nebo budovy, ve které zůstává prezident nebo král a hledět mu tváří v tvář.

Jak vypadá Boží trůn? Někdo si myslí, že vypadá jenom jako veliké křeslo, ale tak to není. V užším slova smyslu představuje sedadlo, na kterém sedí Bůh, ale v širším slova smyslu se jím míní Boží příbytek.

A tak se „Boží trůn" vztahuje na Boží příbytek a okolo jeho trůnu uprostřed nového Jeruzaléma se nacházejí duhy a trůny čtyřiadvaceti starců.

Duhy a trůny čtyřiadvaceti starců

Nádheru, velkolepost a velikost Božího trůnu můžete vnímat ve Zjevení 4:2-6:

> *A hle, trůn v nebi, a na tom trůnu někdo, kdo byl na pohled jako jaspis a karneol; a kolem trůnu duha jako smaragdová. Okolo toho trůnu čtyřiadvacet jiných trůnů, a na nich sedělo čtyřiadvacet starců, oděných bělostným rouchem, na hlavách koruny ze zlata. Od trůnu šlehaly blesky a dunělo hromobití; před trůnem*

5

hořelo sedm světel – to je sedmero duchů Božích; a před trůnem moře jiskřící jako křišťál a uprostřed kolem trůnu čtyři živé bytosti plné očí zpředu i zezadu.

Bohu slouží mnoho andělů a nebeských zástupů. Existuje také mnoho jiných duchovních stvoření jako cherubové a čtyři živé bytosti, které Boha ochraňují.

Před Božím trůnem se rozlévá moře jiskřící jako křišťál. Pohled na něj je nádherný, protože se v něm odráží mnoho druhů světel, která obklopují Boží trůn.

Jak Boží trůn obklopuje čtyřiadvacet starců? Dvanáct z nich se nachází za Pánem a dalších dvanáct za Duchem svatým. Těchto čtyřiadvacet starců jsou posvěcení jedinci a mají právo před Bohem vypovídat.

Boží trůn je tak nádherný, velkolepý a úžasný, že přesahuje jakékoliv lidské představy.

2. Prvotní Boží trůn

Skutky 7:55-56 líčí Štěpánovo vidění trůnu Beránkova po pravé straně Božího trůnu:

> *Ale on [Štěpán], plný Ducha svatého, pohleděl k nebi a uzřel Boží slávu i Ježíše, jak stojí po pravici Boží, a řekl: „Hle, vidím nebesa otevřená a Syna člověka, stojícího po pravici Boží."*

Štěpán se stal mučedníkem, když byl ukamenován, zatímco

odvážně kázal Ježíše Krista. Těsně před tím, než Štěpán zemřel, otevřel se jeho duchovní zrak a on mohl vidět Pána stojícího po pravé straně Božího trůnu. Pán nemohl zůstat sedět, když věděl, že se Štěpán brzy stane mučedníkem díky Židům, kteří slyšeli jeho poselství. Tak Pán povstal ze svého trůnu a proléval slzy, zatímco sledoval, jak Štěpána kamenují k smrti. Štěpán pak tuto scénu viděl svým otevřeným duchovním zrakem.

Podobně jako Štěpán viděl Boží trůn, kde stojí Bůh a Pán, vy byste si měli uvědomit, že tento trůn je odlišný od toho, který viděl apoštol Jan v novém Jeruzalémě.

Za starých časů, když král opustil svůj palác, aby se porozhlédnul po své zemi a lidu, postavili mu jeho služebníci palác, který se podobal královu paláci, aby tam král mohl přechodně zůstávat. Stejně tak Boží trůn v novém Jeruzalémě není trůnem, kde Bůh obvykle pobývá, ale kde se zdržuje jen krátkou dobu.

Bůh existoval sám jako světlo

Předtím, než začal čas, Bůh existoval sám a zahrnoval celý vesmír (Exodus 3:14; Jan 1:1; Zjevení 22:13). Vesmír pak nebyl stejný, jako ho svýma očima vidíme dnes, ale byl před rozdělením na duchovní a fyzický svět jediným prostorem. Bůh existoval jako světlo a ozařoval celý vesmír.

Nebyl pouhým paprskem světla, ale existoval jako velmi zářivá, nádherná světla, která vypadala jako proud vody nesoucí barvy duhy. Možná tomu lépe porozumíte, když si představíte polární záři nad severním pólem. Polární záře je seskupení světel různých barev rozptýlených jako opona a říká se, že pohled na ni je tak nádherný, že kdokoliv ji jednou zahlédne, nikdy

7

nezapomene na její krásu.

O kolik nádhernější tedy budou světla Boha – který je samotným světlem – a jak můžeme vyjádřit záři tak mnoha nádherných smíchaných světel? Proto se v 1 Janově 1:5 říká: *„A toto je zvěst, kterou jsme od něho slyšeli a vám ji oznamujeme: že Bůh je světlo a není v něm nejmenší tmy."* Důvod, proč se říká, že „Bůh je světlo," není pouze ten, abychom vyjádřili duchovní význam toho, že v něm není nejmenší tmy, ale také abychom popsali vzezření Boha, který existoval před počátkem jako světlo.

Právě tento Bůh, který předtím, než začal čas, existoval sám jako světlo ve vesmíru, byl naplněn hlasem. Bůh existoval jako světlo s hlasem a tento hlas je „Slovo," na které naráží Jan 1:1: *„Na počátku bylo Slovo, to Slovo bylo u Boha, to Slovo byl Bůh."*

V prostoru, kde Bůh existoval jako světlo se zvučným hlasem, existují oddělená místa pro Otce, Syna a Ducha svatého, aby zde zůstávali a jednotlivě odpočívali. V oblasti, kde se nachází prvotní Boží trůn z období počátku, je místo k odpočinku, pokoje určené k rozmluvě a také stezky určené k procházkám.

Na toto místo smějí pouze velmi výjimeční andělé a ti, jejichž srdce se podobají Božímu srdci. Toto místo je oddělené, tajemné a zabezpečené. Kromě toho je toto místo, které je sídlem trůnu Boží trojice, umístěné v prostoru, kde Bůh existoval sám na počátku a nachází se ve čtvrtém nebi, odděleném od nového Jeruzaléma ve třetím nebi.

3. Nevěsta beránkova

Bůh chce, aby se srdce všech dětí podobala jeho srdci a ony vstoupily do nového Jeruzaléma. Nicméně, přece ukázal svou milost k těm, kteří skrze tříbení člověka nedosáhnou této úrovně posvěcení. Rozdělil nebeské království do mnoha příbytků od rájc přes první, druhé a třetí nebeské království a odměňuje své děti podle toho, co vykonaly.

Bůh dává nový Jeruzalém svým skutečným dětem, které jsou zcela posvěcené a byly věrné v celém jeho domě. Postavil nový Jeruzalém na památku Jeruzaléma, základu evangelia a jako novou nádobu, která by obsahovala všechno o tom, co dovršily zákon s láskou.

Ve Zjevení 21:2 můžeme číst, že Bůh připravil nový Jeruzalém tak nádherný, že město připomíná Janovi nevěstu skvostně ozdobenou pro svého ženicha:

> *A viděl jsem od Boha z nebe sestupovat svaté město, nový Jeruzalém, krásný jako nevěsta ozdobená pro svého ženicha.*

Nový Jeruzalém je jako nádherně ozdobená nevěsta

Bůh připravuje úžasné příbytky v nebi pro Pánovy nevěsty, které se připravují a nádherně zdobí, aby přivítaly svého duchovního ženicha Pána Ježíše tím, že obřezávají svá srdce. Nejkrásnějším místem mezi těmito věčnými příbytky je svaté město nový Jeruzalém.

Proto se Zjevení 21:9 vyjadřuje o novém Jeruzalémě, který je pro Pánovy nevěsty co nejkrásněji vyzdoben, následovně: *„Pojď, ukážu ti nevěstu, choť Beránkovu."* Jak úchvatný bude nový Jeruzalém vzhledem k tomu, že je to nejkrásnější dar pro Pánovy nevěsty, který připravil samotný Bůh lásky? Až lidé vstoupí do svých vlastních domů, postavených a opečovávaných z Boží lásky a vybrané ohleduplnosti se smyslem pro detail, budou velmi pohnuti. To proto, že Bůh připravuje každý dům tak, aby dokonale vyhovoval vkusu svého vlastníka.

Nevěsta svému manželovi slouží a připravuje mu místo k odpočinku. Ve stejném smyslu domy v novém Jeruzalémě slouží a přijímají Pánovy nevěsty. Místo je tak pohodlné a bezpečné, že jsou lidé naplněni štěstím a radostí.

Na tomto světě, bez ohledu na to, jak dobře slouží manželka svému manželovi, nedokáže mu poskytnout dokonalý pokoj a radost. Avšak domy v novém Jeruzalémě mohou přinést pokoj a radost, které lidé na tomto světě nemohou zažít, protože tyto domy jsou vytvořeny tak, aby dokonale uspokojily vkus svého vlastníka. Jsou nádherně a velkolepě vystavěny podle vkusu svého budoucího vlastníka, protože jsou určeny pro lidi, jejichž srdce se podobá Božímu srdci. Jak skvělé a oslnivé budou s ohledem na to, že je jejich výstavba svěřena Pánu?

Pokud skutečně věříte v nebe, budete šťastní jen při pomyšlení na veliké množství andělů stavějících nebeské domy ze zlata a drahokamů a řídících se Božím zákonem, který odměňuje každého jednotlivce podle toho, co vykonal.

Dokážete si představit, o co šťastnější a radostnější bude život v novém Jeruzalémě, který vám slouží a přijímá vás jako manželka?

Nebeské domy jsou vyzdobeny podle skutků

Nebeské domy se začaly stavět od té doby, co byl náš Pán vzkříšen a vystoupil na nebesa a staví se i nyní podle našich skutků. A tak výstavba domů těch, jejichž životy se na této zemi blíží ke konci, se dokončuje; pro některé domy se pokládají základy a vztyčují pilíře; a práce na dalších domech se téměř dokončují.

Ježíš nám v Janovi 14:2-3 říká, že až se dokončí všechny nebeské domy věřících, on se vrátí na zemi, tentokrát však v oblacích:

V domě mého Otce je mnoho příbytků; kdyby tomu tak nebylo, řekl bych vám to. Jdu, abych vám připravil místo. A odejdu-li, abych vám připravil místo, opět přijdu a vezmu vás k sobě, abyste i vy byli, kde jsem já.

O věčných příbytcích spasených lidí se rozhoduje u soudu u bílého trůnu.

Když vlastník vstoupí do svého domu potom, co bylo rozhodnuto o příbytcích a odměnách podle míry víry každého jednotlivce, dům se celý rozzáří. To proto, že když vlastník vstoupí do svého domu, vlastník a dům utvoří dokonalý pár, zrovna jako manžel a manželka se stávají jedním tělem.

Jak plný Boží slávy bude nový Jeruzalém vzhledem k tomu, že je sídlem Božího trůnu a mnoho domů je postaveno pro skutečné Boží děti, které s ním mohou navěky sdílet opravdovou lásku?

4. Zářící jako třpyt drahokamu a jasné jako křišťál

Když byl apoštol Jan veden Duchem svatým, pociťoval bázeň, když viděl svaté město nový Jeruzalém a mohl vyznat pouze následující:

Ve vytržení ducha mě vyvedl na velikou a vysokou horu a ukázal mi svaté město Jeruzalém, jak sestupuje z nebe od Boha, zářící Boží slávou; jeho jas jako nejdražší drahokam a jako průzračný křišťál (Zjevení 21:10-11).

Vzdával slávu Bohu Jan při pohledu na velkolepý nový Jeruzalém z vrcholu kopce, kam byl vyveden Duchem svatým.

Nový Jeruzalém zářící Boží slávou

Co to znamená, když se řekne, že jas nového Jeruzaléma, který září Boží slávou, je „jako nejdražší drahokam a jako průzračný křišťál"? Existuje velmi mnoho druhů drahokamů a všechny mají rozdílné názvy podle toho, z čeho se skládají a jakou mají barvu. Aby byl pokládán za vzácný, musí kámen vyzařovat velmi krásnou barvu. A tak výraz „jako nejdražší drahokam" znamená, že je dokonale krásný. Apoštol Jan přirovnal nádherné světlo nového Jeruzaléma k záři drahých kamenů, které lidé pokládají za velmi cenné a krásné.

Navíc má nový Jeruzalém obrovské a velkolepé domy a je ozdoben nebeskými drahokamy, které vyzařují úchvatná světla, o nichž můžete říct, že září a jsou nádherná, i když se na město díváte z dálky. Namodralá, bílá světla, která se třpytí mnoha barvami, vypadají jako by objímala nový Jeruzalém. Jak impozantní a nádherný to bude pohled?

Zjevení 21:18 nám říká, že hradby nového Jeruzaléma jsou postaveny z jaspisu. Na rozdíl od neprůzračného jaspisu na této zemi má jaspis v nebi namodralou barvu a je tak nádherný a jasný, že když se na něj podíváte, cítíte se, jako byste se dívali do průzračné vody. Je téměř nemožné vyjádřit krásu jeho barvy pomocí věcí na tomto světě. Možná ho lze přirovnat k zářícímu, modrému světlu, které se odráží na průzračných vlnách. Mimo to dokážeme jeho barvu vyjádřit pouze jako průzračnou, namodralou a bílou. Jaspis představuje vytříbenost a čistotu Boha a Boží „spravedlnost," která je bez poskvrny, čistá a poctivá.

Existuje mnoho druhů křišťálu a v nebeském slova smyslu se tento název vztahuje na bezbarvý, průhledný a tvrdý kámen, který je čistý a čirý jako průzračná voda. Čisté a čiré křišťály se široce využívaly pro zdobení již od dávných dob, protože nejsou pouze čiré a průhledné, ale také nádherně odrážejí světlo.

Křišťál, i když není výjimečně drahý, skvěle odráží světlo, které pak vypadá jako duha. Kromě toho Bůh umístil oslnivost slávy na nebeské křišťály svou mocí, takže je nelze srovnávat s těmi, které naleznete na této zemi. Apoštol Jan se pokouší vyjádřit nádheru, jas a lesk nového Jeruzaléma pomocí křišťálu.

Svaté město nový Jeruzalém je naplněno úžasnou Boží slávou. Jak velkolepý, nádherný a zářící bude nový Jeruzalém vzhledem k tomu, že je sídlem Božího trůnu a vrcholu, kde Bůh sám sebe zformoval do Trojice?

Kapitola 2

Jména dvanácti kmenů a dvanácti apoštolů

1. Dvanáct andělů střežících brány
2. Jména dvanácti kmenů Izraele napsaná na dvanácti branách
3. Jména dvanácti učedníků napsaná na dvanácti základech

*Město mělo mohutné a vysoké hradby,
dvanáct bran střežených dvanácti anděly
a na branách napsaná jména dvanácti
pokolení synů Izraele. Tři brány byly na
východ, tři brány na sever, tři brány na
jih a tři brány na západ. A hradby města
byly postaveny na dvanácti základních
kamenech a na nich bylo dvanáct jmen
dvanácti apoštolů Beránkových.*

- Zjevení 21:12-14 -

Nový Jeruzalém je obklopen hradbami, které září oslnivými a třpytivými světly. Při pohledu na jejich velikost, velkolepost, nádheru a slávu, sklapne každému čelist.

Město je vystavěno do čtverce a má na každé straně tři brány: na východ, na západ, na sever a na jih. Má celkem dvanáct bran a působí nepředstavitelně masivním dojmem. Každou bránu střeží důstojný a majestátní anděl a na těchto branách jsou napsána jména dvanácti kmenů.

Rovněž okolo hradeb nového Jeruzaléma je dvanáct základů, na kterých stojí dvanáct sloupů a na nich jsou zaznamenána jména dvanácti učedníků. Všechno v novém Jeruzalémě je vytvořeno pomocí čísla 12, číslovky světla, jako jeho základu. To proto, aby to každému pomohlo snadno pochopit, že nový Jeruzalém je místem pro ty děti světla, jejichž srdce se podobají srdci Boha, který je sám světlem.

Podívejme se nyní na důvody, proč střeží dvanáct bran nového Jeruzaléma dvanáct andělů a proč jsou jména dvanácti kmenů a dvanácti učedníků zaznamenaná po celém městě.

1. Dvanáct andělů střežících brány

Za starých časů střežilo brány zámků, ve kterých přebývali a žili králové nebo jiní vysocí státní úředníci, mnoho vojáků nebo hlídek. Toto opatření bylo nezbytné k ochraně budov před nepřáteli a vetřelci. Avšak dvanáct andělů chrání brány nového Jeruzaléma, třebaže nikdo nemůže na své vlastní přání vstoupit nebo napadnout město, které je sídlem Božího trůnu. Jaký je k tomu potom důvod?

Dát najevo bohatství, svrchovanost a slávu

Nový Jeruzalém je nesmírně veliké a velkolepé město, které přesahuje veškeré naše představy. Veliké čínské Zakázané město, ve kterém kdysi žili císaři, je zrovna tak veliké jako dům těch, kteří žijí v novém Jeruzalémě. Dokonce ani Velkou čínskou zeď, jeden ze sedmi divů starověkého světa, nelze srovnávat se zdí nového Jeruzaléma.

Prvním důvodem, proč dvanáct andělů střeží brány, je symbolizovat bohatství a čest, svrchovanost a slávu. Dokonce i dnes mají mocní nebo bohatí ve svých domech a okolo nich své soukromé strážce, což ukazuje na bohatství a autoritu obyvatel domu.

A tak je zřejmé, že andělé s vyšším postavením střeží brány nového Jeruzaléma, který je sídlem Božího trůnu. Jen při pohledu na dvanáct andělů, jejichž přítomnost doplňuje krásu a slávu samotného nového Jeruzaléma, může každý okamžitě pocítit svrchovanost Boha a obyvatel nového Jeruzaléma.

Ochránit Bohem uznané děti

Jaký je pak druhý důvod pro to, aby dvanáct andělů střežilo brány nového Jeruzaléma? Židům 1:14 se ptá: *„Což není každý anděl jen duchem, vyslaným k službě těm, kdo mají dojít spasení?"* Bůh ochraňuje své děti žijící na této zemi svýma planoucíma očima a za pomoci andělů, které sesílá. A tak ti, kdo žijí podle Božího slova, nebudou osočeni satanem, ale budou ochráněni od zkoušek, potíží, přírodních i lidských pohrom, nemocí a nehod.

V nebi rovněž existuje bezpočet andělů, kteří konají své povinnosti podle Božího příkazu. Mezi nimi jsou andělé, kteří sledují, zaznamenávají a oznamují Bohu každý skutek každé jedné osoby bez ohledu na to, zda jde o věřícího nebo nevěřícího člověka. V den soudu si pak Bůh vzpomene na každé jedno slovo vyslovené každým jedním člověkem a odmění nás podle toho, co jsme vykonali.

Podobně všichni andělé jsou duchové, nad kterými má Bůh moc a je očividné, že ochraňují a starají se o Boží děti i v nebi.

Samozřejmě, že v nebi nebudou žádné nehody nebo nebezpečí, protože zde není žádná temnota náležející nepříteli ďáblu, ale pro anděly je přirozenou povinností sloužit svým pánům. Tato povinnost není nikým vynucována, ale koná se dobrovolně podle řádu a harmonie duchovního světa; je to přirozená povinnost uložená andělům.

Udržet pokojný řád nového Jeruzaléma

Jaký je tedy třetí důvod pro to, aby dvanáct andělů střežilo brány nového Jeruzaléma?

Nebe je dokonalým duchovním světem bez jakékoliv vady a funguje podle dokonalého řádu. Není zde nenávist, spory ani rozkazy, ale je spravováno a řízeno pouze Božími nařízeními. Odměny a autorita jsou založeny na spravedlnosti Boha, který odměňuje každého jednotlivce podle jeho skutků a všechno se řídí podle tohoto řádu.

Je-li dům vnitřně rozdělen, nebude moci obstát. Stejně tak, povstane-li satan sám proti sobě a je rozdvojen, nemůže obstát a je s ním konec. Proto funguje podle určitého řádu (Marek 3:22-26). O kolik spravedlivěji bude potom podle řádu založeno a spravováno nebeské království? Podle řádu se například řídí hostiny konané v novém Jeruzalémě. Spasené duše ze třetího, druhého a prvního království a z ráje mohou vstoupit do nového Jeruzaléma pouze na základě pozvání, opět podle duchovního řádu. Tam budou sdílet radost spolu s obyvateli nového Jeruzaléma a potěší Boha.

Jestliže by spasené duše z ráje, prvního, druhého a třetího království mohly volně vstupovat do nového Jeruzaléma, kdykoliv by se jim zachtělo, co by se pak stalo? Zrovna jako hodnota i těch nejžádanějších a nejvzácnějších předmětů, když nejsou řádně spravovány, postupem času a používáním klesá, pokud by byl rozvrácen řád v novém Jeruzalémě, jeho nádhera by se také nemohla náležitě zachovat.

Proto pro pokojný řád nového Jeruzaléma vyvstává potřeba dvanácti bran a andělů střežících každou bránu. Samozřejmě, že věřící ze třetího nebeského království a níže by nemohli volně vstoupit do nového Jeruzaléma, třebaže by zde nebyl žádný anděl střežící bránu, a to kvůli rozdílu ve slávě. Andělé však zajišťují to, že se řád udržuje náležitěji.

2. Jména dvanácti kmenů Izraele napsaná na dvanácti branách

Jaký je potom důvod pro napsání jmen dvanácti kmenů

Izraele na brány nového Jeruzaléma? Na tomto světě lidé pro připomenutí dokončení anebo odhalení podstatných informací stavebního záměru často umísťují v blízkém okolí projektu základní kámen s nápisem nebo zde staví památník. Podobně jména dvanácti kmenů Izraele symbolizují skutečnost, že dvanáct bran nového Jeruzaléma začalo dvanácti kmeny Izraele.

Pozadí pro vytvoření dvanácti bran

Adam a Eva, kteří byli vyhnáni ze zahrady Eden kvůli svému hříchu neposlušnosti před cca 6 000 lety, dali během svého života na této zemi život mnoha dětem. Když byl svět plný hříchu, byl každý kromě Noeho, spravedlivého člověka mezi lidmi své doby, a jeho rodiny potrestán a zahynul ve vodě.

Později, asi před 4 000 lety, se narodil Abraham a když nadešel čas, Bůh ho ustanovil praotcem víry a přehojně mu požehnal. V Genesis 22:17-18 Bůh Abrahamovi slíbil:

Jistotně ti požehnám a tvé potomstvo jistotně rozmnožím jako nebeské hvězdy a jako písek na mořském břehu. Tvé potomstvo obdrží bránu svých nepřátel a ve tvém potomstvu dojdou požehnání všechny pronárody země, protože jsi uposlechl mého hlasu.

Věrný Bůh ustanovil Jákoba, vnuka Abrahamova, zakladatelem Izraele a položil základy k vytvoření národa z jeho dvanácti synů. Později, asi před 2 000 lety, poslal Bůh Ježíše jako potomka kmene Juda, aby otevřel cestu spasení pro celé lidstvo.

Takto Bůh utvořil z dvanácti kmenů izraelský lid, aby naplnil požehnání, které dal Abrahamovi. Kromě toho, aby symbolizoval a vyznačil tuto skutečnost, vytvořil Bůh dvanáct bran v novém Jeruzalémě a napsal na ně jména dvanácti kmenů Izraele.

Nyní se blíže podívejme na Jákoba, praotce Izraele, a dvanáct izraelských kmenů.

Jákob, praotec Izraele, a jeho dvanáct synů

Jákob, vnuk Abrahamův a syn Izákův, vzal svému staršímu bratrovi Ezaovi velmi vychytralým způsobem právo prvorozeného a musel pak utéci před svým bratrem ke svému strýci Lábanovi. Během jeho dvacetiletého pobytu v Lábanově domě Bůh Jákoba tříbil, dokud se nestal praotcem Izraele.

Od Genesis 29:21 dále se podrobně vypravuje o Jákobových manželstvích a narození jeho dvanácti synů. Jákob miloval Ráchel a slíbil Lábanovi, že mu bude sedm let sloužit, aby si ji pak mohl vzít. Byl však svým strýcem podveden a oženěn s její sestrou Leou. Aby se mohl oženit s Ráchel, musel slíbit Lábanovi, že mu bude sloužit dalších sedm let. Jákob se nakonec oženil s Ráchel a miloval ji mnohem víc než Leu.

Bůh se nad Leou, kterou její manžel nemiloval, smiloval a otevřel její lůno. Lea porodila Rúbena, Šimeóna, Léviho a Judu. Jákob miloval Ráchel, ale ta nemohla po nějakou dobu rodit syny. Začala na svou sestru Leu žárlit a dala svému manželovi za ženu svou otrokyni Bilhu. Bilha porodila Dana a Neftalího. Když Lea nemohla delší dobu počít, dala Jákobovi za ženu svou služku Zilpu a Zilpa porodila Gáda a Ašera.

Později získala Lea od Ráchel svolení spát s Jákobem výměnou za jablíčka lásky svého prvního syna Rúbena. Narodil se jí Isachar a Zabulón a dcera Dína. Potom si Bůh vzpomněl na Ráchel, která byla neplodná a otevřel její lůno. Tentokrát se jí narodil Josef. Po narození Josefa Bůh uložil Jákobovi, aby překročil řeku Jabok a vrátil se do svého rodného města se svými dvěma ženami, dvěma služkami a jedenácti syny. Jákob procházel u svého strýce Lábana po dvacet let zkouškami. Potom, na cestě do rodného města, se u řeky Jabok pokořil a modlil, až mu byla poraněna šlacha kyčelního kloubu. Poté obdržel nové jméno „Izrael" (Genesis 32:29). Izrael se rovněž smířil se svým bratrem Ezauem a žil v Kenaanské zemi. Dostalo se mu požehnání tím, že se stal praotcem Izraele a skrze Ráchel mu byl dán poslední syn, Benjamín.

Dvanáct kmenů Izraele, Boží vyvolený lid

Josef, kterého otec Izrael miloval ze všech svých dvanácti synů nejvíce, byl ve věku 17ti let prodán svými bratry pohlcenými žárlivostí do Egypta. Nicméně, z Boží prozíravosti se Josef ve věku 30ti let stal prvním ministrem Egypta. Protože Bůh věděl, že v Kenaanské zemi nastane krutý hladomor, poslal Josefa do Egypta jako prvního a potom dopustil, aby se tam přestěhovala celá jeho rodina, která zvýšila svůj počet do té míry, že se z ní stal národ.

V Genesis 49:3-28 žehná Izrael svým dvanácti synům předtím, než naposledy vydechne a oni jsou dvanácti izraelskými kmeny:

„Rúbene, tys můj prvorozený,
síla má a prvotina mého mužství (v. 3)...
Šimeón a Lévi, bratři,

jejich zbraně – nástroj násilí (v. 5)...
Tobě, Judo, tobě vzdají čest tví bratři (v. 8)...
Zabulón se rozloží až k břehům moře (v. 13)...
Isachar, to kostnatý je osel.
Mezi dvěma ohradami odpočívá (v. 14)...
Dan, ten povede při svého lidu
jako jeden z kmenů Izraele (v. 16)...
Na Gáda se vrhne horda,
on však hordě té do týla vpadne (v. 19)...
Ašerův chléb bude tučnost sama (v. 20)...
Neftalí, laň vypuštěná,
promlouvá úchvatnými slovy (v. 21)...
Josef, toť mladý plodonosný štěp,
plodonosný štěp nad pramenem (v. 22)...
Benjamín svůj úlovek rve jako vlk" (v. 27)..."

Všichni tito jsou dvanácti kmeny Izraele a toto jim řekl jejich otec, když jim žehnal a dával každému přiměřené požehnání. Požehnání byla rozdílná, protože každý syn (kmen) se od jiného lišil svou povahou, osobností, skutky a přirozeností.

Skrze Mojžíše pak dal Bůh dvanácti kmenům Izraele Zákon. Mojžíš vyšel z Egypta a začal je vést do Kenaanské země oplývající mlékem a medem. V Deuteronomiu 33:5-25 vidíme Mojžíše, jak před svou smrtí žehná izraelskému lidu.

„Živ buď, Rúbene, neumírej,
i když je tvých mužů nepatrný počet (v. 6) ...
Slyš, Hospodine, hlas Judův,
přiveď ho k jeho lidu (v. 7) ...

O Lévim pravil:
„Tvé tumím a urím, Hospodine,
patří muži tobě zbožně oddanému" (v. 8) ...
O Benjamínovi pravil:
„Hospodinův miláček to je.
Ať u něho přebývá v bezpečí" (v. 12) ...
O Josefovi pravil:
„Požehnána buď od Hospodina jeho země
výtečnou rosou nebes i propastnou tůní,
jež odpočívá dole" (v. 13) ...
Takové ať jsou desetitisíce Efrajimovy,
takové ať jsou tisíce Manasesovy (v. 17) ...
O Zabulónovi pravil:
„Raduj se, Zabulóne, při svém vycházení,
i ty, Isachare, ve svých stanech" (v. 18) ...
O Gádovi pravil:
„Požehnán buď ten,
jenž Gádovi rozšiřuje prostor" (v. 20) ...
O Danovi pravil:
„Dan je lví mládě,
vyskočí z Bášanu" (v. 22) ...
O Neftalím pravil:
„Neftalí je nasycen přízní,
je plný Hospodinova požehnání" (v. 23) ...
Nad ostatní syny požehnán buď Ašer,
buď oblíben u svých bratří" (v. 24) ...

Lévi byl mezi dvanácti Izraelovými syny vyloučen z dvanácti kmenů, aby se Léviovci stali kněžími a patřili Bohu. Místo toho vytvořili Josefovi dva synové Manases a Efrajim dva kmeny, aby nahradili Léviovce.

Jména dvanácti kmenů

Jak potom můžeme být my, kteří nejsme ani členy dvanácti izraelských kmenů ani přímými potomky Abrahama, spaseni a projít dvanácti branami, na kterých jsou napsána jména dvanácti kmenů? Odpověď na tuto otázku můžeme najít v knize Zjevení Janovo 7:4-8:

> *Pak jsem slyšel počet označených: sto čtyřiačtyřicet tisíc označených ze všech pokolení Izraele: z pokolení Juda dvanáct tisíc, z pokolení Rúben dvanáct tisíc, z pokolení Gád dvanáct tisíc, z pokolení Ašer dvanáct tisíc, z pokolení Neftalím dvanáct tisíc, z pokolení Manase dvanáct tisíc, z pokolení Šimeón dvanáct tisíc, z pokolení Levi dvanáct tisíc, z pokolení Isachar dvanáct tisíc, z pokolení Zabulón dvanáct tisíc, z pokolení Josef dvanáct tisíc, z pokolení Benjamín dvanáct tisíc označených.*

Na rozdíl od knih Genesis a Deuteronomium přichází v těchto verších na řadu nejprve jméno kmene Juda a pak jméno kmene Rúben. Jméno kmene Dan je vymazáno a přidáno je jméno kmene Manases.

V 1 Královské 12:28-31 je zaznamenán vážný hřích kmene Dan.

> *Král se poradil a dal udělat dva zlaté býčky a řekl*

lidu: *„Už jste se dost nachodili do Jeruzaléma. Zde jsou tvoji bohové, Izraeli, kteří tě vyvedli z egyptské země!"* Jednoho býčka postavil v Bét-elu a druhého dal do Danu. To svádělo lid k hříchu. Lid chodíval za jedním z nich až do Danu. Jarobeám udělal též domy na posvátných návrších a nadělal ze spodiny lidu kněze, kteří nepocházeli z Léviovců.

Jarobeám, který se stal prvním králem severního izraelského království, si v srdci myslel, že kdyby lid chodil slavit obětní hody do Hospodinova domu v Jeruzalémě, obrátilo by se srdce tohoto lidu k jejich pánu, judskému králi Rechabeámovi. Král dal tedy udělat dva zlaté býčky a jednoho postavil v Bét-elu a druhého dal do Danu. Zakázal lidem chodit slavit obětní hody do Hospodinova domu v Jeruzalémě a přilákal je obětovat v Bét-elu a v Danu.

Kmen Dan se dopustil hříchu uctívání model a udělal ze spodiny lidu Boží kněze, ačkoliv se nikdo kromě lidí z kmene Léviovců nemohl stát knězem. A v osmém měsíci, patnáctého dne toho měsíce, zavedli svátek, podobný svátku v Judsku. Všechny tyto hříchy jim Bůh nemohl odpustit, a proto se jich zřekl.

Takže bylo jméno kmene Dan nakonec vynecháno a nahrazeno jménem kmene Manases. Skutečnost, že bylo přidáno jméno kmene Manases, byla prorokována v Genesis 48:5. Jákob řekl svému synu Josefovi:

„Oba synové, kteří se ti v egyptské zemi narodili před mým příchodem k tobě do Egypta, budou nyní moji. Efrajim a Manases jsou moji jako Rúben a Šimeón."

Jákob, otec Izraele, již takto zapečetil Manasese a Efrajima jako své. Takže v knize Zjevení Janovo v Novém zákoně můžeme nalézt, že jméno kmene Manases je zapsáno namísto jména Dan.

Fakt, že jméno kmene Manases je tímto způsobem zapsáno mezi dvanáct kmenů Izraele, ačkoliv Manases nebyl jedním z dvanácti vůdců Izraele, naznačuje, že pohané zaujmou místo Izraelitů a budou spaseni.

Bůh položil základy národa skrze dvanáct izraelských kmenů. Asi před dvěma tisíci lety otevřel bránu ke smytí našich hříchů skrze vzácnou krev Ježíše Krista prolitou na kříži a umožnil každému získat spasení.

Bůh si vyvolil lid Izraele, který pocházel z dvanácti kmenů a nazval jej „Můj lid," ale protože nakonec selhávali v následování Boží vůle, evangelium se dostalo až k pohanům.

Pohané, planý olivový výhonek, který byl naroubován, nahradil Boží vyvolený lid Izraele, který je olivovým výhonkem. Proto řekl apoštol Pavel v Římanům 2:28-29 toto: *„Pravý žid není ten, kdo je jím navenek, a pravá obřízka není ta, která je zjevná na těle. Pravý žid je ten, kdo je jím uvnitř, s obřízkou srdce, která je působena Duchem, nikoli literou zákona. Ten dojde chvály ne od lidí, nýbrž od Boha."*

Pohané zkrátka nahradili v dosahování Boží prozíravosti lid Izraele, zrovna jako byl kmen Dan vymazán a doplněn kmenem Manases. Proto mohou i pohané, když mají patřičné předpoklady víry, vstoupit dvanácti branami do nového Jeruzaléma.

A tak neobdrží spasení pouze ti, kdo patří ke dvanácti kmenům Izraele, ale také ti, kdo se stanou Abrahamovými následovníky ve víře. Když přijdou pohané k víře, Bůh je déle nepovažuje za „pohany," ale namísto toho za členy dvanácti kmenů. Všechny národy budou spaseny skrze dvanáct bran, a to je Boží spravedlnost.

Konec konců, „dvanáct kmenů" Izraele se v duchovním slova smyslu vztahuje na všechny Boží děti, které jsou spasené vírou a Bůh zapsal jména dvanácti kmenů na dvanáct bran nového Jeruzaléma, aby tuto skutečnost symbolizoval.

Nicméně, jako mají různé země a oblasti různé charakteristiky, sláva každého kmene z dvanácti kmenů a dvanácti bran se v nebi rovněž liší.

3. Jména dvanácti učedníků napsaná na dvanácti základech

Jaký je tedy důvod pro to, že jsou jména dvanácti učedníků napsána na dvanácti základech nového Jeruzaléma?

Abyste postavili budovu, musí existovat základy pro položení pilířů. Pokud se podíváte na hloubku výkopu, je snadné odhadnout velikost konstrukce. Základy jsou velmi důležité, protože musí podepírat hmotnost celé konstrukce.

Stejně tak bylo položeno dvanáct základů, aby byly zbudovány hradby nového Jeruzaléma a dvanáct pilířů, mezi nimiž by bylo vytvořeno dvanáct bran. Potom bylo postaveno dvanáct bran. Velikost dvanácti základů a dvanácti pilířů je tak nesmírná, že přesahuje naše chápání a my se jí budeme podrobně zabývat v příští kapitole.

Dvanáct základů, důležitějších než dvanáct bran

Každý stín má svou podstatu, která ho vrhá. Ze stejného důvodu je Starý zákon stínem Nového zákona, protože Starý zákon svědčil o Ježíši, který měl přijít na tento svět jako Spasitel a Nový zákon zaznamenává službu Ježíše, který přišel na tento svět, naplnil všechna proroctví a dokonal cestu spasení (Židům 10:1).

Bůh, který položil základy národa skrze dvanáct kmenů Izraele a vyhlásil Zákon prostřednictvím Mojžíše, učil dvanáct učedníků skrze Ježíše, který s láskou naplnil Zákon a učinil z nich svědky Páně až na sám konec země. Takto je dvanáct učedníků hrdiny, kteří umožnili naplnění Zákona Starého zákona a staví nový Jeruzalém, přičemž konají ne jako stíny, ale jako podstata.

Proto je dvanáct základů nového Jeruzaléma důležitějších než dvanáct bran a úloha dvanácti učedníků důležitější než úloha dvanácti kmenů.

Ježíš a jeho dvanáct učedníků

Boží Syn Ježíš, který přišel na tento svět v těle, začal svou službu ve věku 30ti let, povolal si své učedníky a vyučoval je. Když nadešel čas, Ježíš své učedníky zmocnil k tomu, aby vyháněli démony a uzdravovali nemocné. Matouš 10:2-4 zmiňuje těchto dvanáct učedníků:

Jména těch dvanácti jsou: první Šimon zvaný Petr, jeho bratr Ondřej, Jakub Zebedeův, jeho bratr Jan, Filip, Bartoloměj, Tomáš, celník Matouš, Jakub Alfeův, Tadeáš, Šimon Kananejský a Iškariotský Jidáš, který ho pak zradil.

Jak si Ježíš přál, kázali evangelium a konali mocné Boží skutky. Svědčili o živém Bohu a přivedli ke spasení mnoho duší. Všichni s výjimkou Jidáše Iškariotského, který byl podnícen satanem a skončil tak, že Ježíše zaprodal, byli svědky Ježíšova vzkříšení a nanebevstoupení, a zakusili moc Ducha svatého skrze horlivé modlitby.

Potom, když je Pán pověřil, obdrželi Ducha svatého a velkou moc a stali se svědky Pána v Jeruzalémě a v celém Judsku, Samařsku a až na sám konec země.

Jidáše Iškariotského nahradil Matěj

Skutky 1:15-26 popisují proces nahrazení Jidáše Iškariotského mezi dvanácti učedníky. Učedníci se modlili se k Bohu a metali losy. To všechno proto, že chtěli konat podle Boží vůle, bez intervence jakýchkoliv lidských myšlenek. Nakonec vybrali mezi těmi, kteří byli vyučováni Ježíšem, muže jménem Matěj.

Důvod, proč si Ježíš vybral Jidáše Iškariotského, i když věděl, že ho nakonec zradí, leží zde. Skutečnost, že byl Matěj nově vybrán, znamená, že i pohané mohli získat spasení. Také to znamená, že vyvolení Boží služebníci dnes patří na místo Matěje. Od vzkříšení a nanebevstoupení Pána zde bylo mnoho Božích služebníků, kteří byli vybráni samotným Bohem a každý, kdo se stane s Pánem jedno, může být vybrán jako jeden z Pánových učedníků způsobem, jakým se stal jeho učedníkem Matěj.

Boží služebníci vybraní samotným Bohem jsou poslušní vůle svého Pána pouze slůvkem „Ano." Jestliže Boží služebníci nejsou poslušní Boží vůle, nemohou být a neměli by být nazýváni „Boží služebníci" nebo „Boží vyvolení služebníci."

Dvanáct učedníků včetně Matěje se podobalo Pánu, dosáhlo svatosti, řídilo se Pánovým vyučováním a zcela naplnilo Boží vůli. Stali se základem světové misie tím, že naplnili své povinnosti, dokud se nestali mučedníky.

Jména dvanácti učedníků

Ti, kdo byli spaseni vírou, třebaže nebyli ani posvěceni ani věrní v celém Božím domě, mohou navštívit nový Jeruzalém na pozvání, ale nemohou zde pobývat navěky. A tak je důvodem, proč jsou jména dvanácti učedníků napsána na dvanácti základech, to, aby nám to připomnělo, že pouze ti, kdo byli posvěceni a věrní v celém Božím domě v tomto životě, mohou přijít do nového Jeruzaléma.

Dvanáct kmenů Izraele se vztahuje na všechny Boží děti, které jsou spaseny vírou. Ti, kdo jsou posvěceni a věrní celými svými životy, získají předpoklady vstoupit do nového Jeruzaléma. Z těchto důvodů je dvanáct základů důležitějších a to je důvod, proč nejsou jména dvanácti učedníků napsána na dvanácti branách, ale na dvanácti základech.

Proč si tedy Ježíš vyvolil pouze dvanáct učedníků? Ve své dokonalé moudrosti Bůh naplňuje svou prozíravost, kterou ustanovil dříve, než začal čas a podle toho všechno uskutečňuje. A tak víme, že Ježíšova volba dvanácti učedníků byla rovněž provedena podle Božího plánu.

Bůh, který utvořil dvanáct kmenů ve Starém zákoně, vyvolil

dvanáct učedníků používaje číslovky 12, která v Novém zákoně rovněž znamená „světlo" a „dokonalost" a stín Starého zákona a podstata Nového zákona se staly párem. Bůh nemění své názory a plány, které jednou ustanovil a drží své slovo. Proto musíme věřit celému Božímu slovu v Bibli, připravovat se jako Pánova nevěsta, abychom ho přijali a dosáhnout a získat předpoklady nezbytné pro vstup do nového Jeruzaléma jako dvanáct učedníků.

Ve Zjevení 22:12 nám Ježíš říká: „*Hle, přijdu brzo, a má odplata se mnou; odplatím každému podle toho, jak jednal.*"

Jaký křesťanský život byste měli vést, jestliže opravdu věříte, že se Pán brzy vrátí? Neměli byste být spokojeni jen s tím, že jste získali spasení vírou v Ježíše Krista, ale musíte také usilovat o opuštění svých hříchů a být věrní ve všech svých povinnostech.

Ve jménu našeho Pána Ježíše Krista se modlím, abyste měli věčnou slávu a požehnání v novém Jeruzalémě jako praotcové víry, jejichž jména jsou napsána na dvanáct bran a dvanáct základů!

Kapitola 3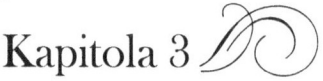

Velikost nového Jeruzaléma

1. Měřeno zlatým rákosem
2. Nový Jeruzalém vystavěný do čtverce

Ten, který se mnou mluvil, měl zlatou míru, aby změřil město i jeho brány a hradby. Město je vystaveno do čtverce: jeho délka je stejná jako šířka. Změřil to město, a bylo to dvanáct tisíc měr. Jeho délka, šířka i výška jsou stejné. Změřil i hradbu, a bylo to sto čtyřicet čtyři loket lidskou mírou, kterou použil anděl.

- Zjevení 21:15-17 -

Někteří věřící si myslí, že každý, kdo je spasen, vejde do nového Jeruzaléma, kde sídlí Boží trůn nebo nesprávně chápou, že nový Jeruzalém je nebe v celém svém rozsahu. Avšak nový Jeruzalém není celé nebe, ale pouze část nekonečného nebe. Mohou do něj vstoupit pouze skutečné Boží děti, které jsou svaté a posvěcené. Možná přemýšlíte nad tím, jak ohromná je velikost nového Jeruzaléma, který Bůh připravil pro své skutečné děti? Ponořme se nyní hlouběji do zkoumání velikosti a uspořádání nového Jeruzaléma a duchovního významu v nich ukrytého.

1. Měřeno zlatým rákosem

Pro lidi s opravdovou vírou a horlivou nadějí v nový Jeruzalém je přirozené přemýšlet nad uspořádáním a velikostí tohoto města. Vzhledem k tomu, že je to místo pro Boží děti, které jsou posvěcené a zcela se podobají Pánu, připravil Bůh nový Jeruzalém velmi nádherný a velkolepý.

Ve Zjevení 21:15 můžete číst o andělu stojícím se zlatým rákosem, aby změřil velikost bran a hradeb nového Jeruzaléma. Co je tedy důvodem k tomu, že Bůh nechal nový Jeruzalém změřit zlatým rákosem?

Zlatý rákos je něco jako rovná hrana používaná k měření vzdáleností v nebi. Jestliže znáte význam zlata a rákosu, můžete pochopit důvod, proč Bůh měří rozměry nového Jeruzaléma zlatým rákosem.

Zlato znamená „víru," protože zlato postupem času nepodléhá změně. Proto zlato zlatého rákosu symbolizuje skutečnost, že Boží měření je přesné a nikdy se nezmění a všechna jeho zaslíbení budou dodržena.

Vlastnosti rákosu, který měří víru

Rákos je vysoký a jeho hrana je měkká. Vítr ho snadno rozhoupe, ale nikdy se nezlomí; je křehký a pevný zároveň. Rákos má suky a to znamená, že Bůh odměňuje podle toho, co kdo udělal.

A tak důvodem, proč Bůh měří nový Jeruzalém zlatým rákosem, je změřit přesně míru víry každého jednotlivce a odplatit mu podle toho, co vykonal.

Nyní přemýšlejme nad vlastnostmi a duchovním významem rákosu, abychom pochopili, proč Bůh měří rozměry nového Jeruzaléma zlatým rákosem.

V první řadě, rákos má velmi hluboké a pevné kořeny. Rákos je 1-3 metry vysoký, okolo 3-10 stop, a roste v porostech v písku mokřin nebo jezer. Může se zdát, že má slabé kořeny, ale nedají se snadno vytáhnout.

Stejně tak by měly být Boží děti pevně zakořeněny ve víře a stát na skále pravdy. Pouze, když máte neměnnou víru, která se neotřese pod tíhou jakýchkoliv okolností, budete moci vstoupit do nového Jeruzaléma, jehož rozměry se měří zlatým rákosem.

Je to z toho důvodu, z jakého se apoštol Pavel modlil za věřící z Efezu: *„A aby Kristus skrze víru přebýval ve vašich srdcích; a tak abyste zakořeněni a zakotveni v lásce mohli spolu se* všemi bratřími pochopit, co je skutečná šířka a délka, výška i hloubka" (Efezským 3:17-18). Za druhé, rákos má velmi měkké hrany. Protože měl Ježíš citlivé a pokorné srdce, připomínající rákos, nikdy se nepřel ani nekřičel. Ani když ho ostatní kritizovali a pronásledovali, Ježíš s nimi nediskutoval, ale namísto toho odešel.

Proto by ti, kdo doufají v nový Jeruzalém, měli mít pokorná srdce jako je srdce Ježíšovo. Pokud se necítíte ve své kůži, když ostatní poukazují na vaše chyby nebo vás napomenou, znamená to, že máte stále tvrdé a pyšné srdce. Máte-li citlivé a pokorné srdce jako chmýří, dokážete tyto věci přijmout s potěšením bez jakýchkoliv pocitů lítosti nebo nespokojenosti.

Za třetí, rákos se snadno rozhoupe větrem, ale snadno se nezlomí. Po silném tajfunu se velké stromy lehce vyvrátí z kořenů, ale rákos obvykle nezlomí ani silný vítr, protože je měkký. Lidé na tomto světě občas srovnávají myšlení a srdce žen s rákosem, aby se o nich špatně vyjádřili, ale Boží přirovnání je opačné. Rákos je měkký a možná se zdá velmi křehký, avšak má takovou pevnost, že ho nezlomí ani silný vítr a oplývá krásou svých půvabných, bílých květů.

Protože se rákos vyznačuje všemi aspekty věcí, jako jsou měkkost, pevnost a krása, může symbolizovat spravedlnost určitých rozsudků. Takové vlastnosti, jako má rákos, mohou být rovněž přisuzovány státu Izrael. Izrael má relativně malé teritorium a populaci a je obklopen nepřátelskými sousedy. Izrael může vypadat jako slabá země, ale nikdy se „nezlomí" pod tíhou jakýchkoliv okolností. To proto, že lidé mají velmi pevnou víru v Boha, víru, která je zakořeněna u praotců víry včetně Abrahama. Ačkoliv v jednom okamžiku vypadají, že fyzicky odpadnou, víra

Izraelitů v Boha jim umožňuje pevně stát.

Ze stejného důvodu, abychom vstoupili do nového Jeruzaléma, musíme mít podobně jako rákos, který má pevné kořeny, víru, která se za žádných okolností nikdy nezachvěje, se zapuštěnými kořeny v Ježíši Kristu, který je skálou.

Za čtvrté, stonky rákosu jsou rovné a hladké, takže se často využívaly k výrobě střech, šípů nebo hrotů psacích per. Rovný stonek rovněž znamená pohybovat se vpřed. O víře se říká, že je „živá" pouze tehdy, když se vyvíjí. Ti, kdo se zlepšují a rozvíjejí se, porostou ve víře den za dnem a směřují k nebi.

Bůh si vybírá tyto dobré nádoby, které směřují k nebi, tříbí je a zdokonaluje, aby tito lidé mohli vstoupit do nového Jeruzaléma. Proto bychom měli směřovat k nebi jako listy, které raší z konce rovného stonku.

Za páté, mnoho básníků napsalo o květech rákosu v tom smyslu, aby zdůraznilo pokojnou scenérii. Rákos má velmi něžné a krásné vzezření a jeho listy jsou půvabné a uhlazené. Jak říká 2 Korintským 2:15: *„Jsme totiž jakoby vůní kadidla, jež Kristus obětuje Bohu; ta vůně proniká k těm, kteří docházejí spásy, i k těm, kteří spějí k zahynutí,"* ti, kdo stojí na skále víry, vydávají Kristovu vůni. Ti, kdo mají takováto srdce, mají půvabné a uklidňující tváře a lidé mohou skrze ně zakusit nebe. Proto, abychom vstoupili do nového Jeruzaléma, musíme vydávat nádhernou Kristovu vůni, která je jako něžné květy a půvabné listy rákosu.

Za šesté, listy rákosu jsou tenké a hrany jsou dostatečně ostré, aby prořízly kůži pouhým škrábnutím. Stejně tak ti, kdo mají víru, nesmí uzavírat kompromisy s hříchem, ale musí být jako ostří a odvrhovat zlo.

Daniel, který byl ministrem Persie a jehož král miloval, čelil zkoušce, v níž byl špatnými lidmi, kteří na něj žárlili, odsouzen k vržení do lví jámy. Avšak on neuzavřel žádný kompromis, ale pevně se držel své víry. V důsledku toho Bůh poslal svého anděla, aby lvům zavřel tlamy a dopustil, aby Daniel oslavil Boha před králem a všemi lidmi.

Bohu se líbí víra, jakou měl Daniel, víra, která neuzavírá kompromisy se světem. Ty, kdo mají takovouto víru, chrání před všemi těžkostmi a zkouškami a dopouští, aby mohli nakonec oslavit Boha. Rovněž jim žehná a činí z nich „*hlavu a ne chvost,*" kamkoliv jdou (Deuteronomium 28:1-14).

Navíc, jak nám říká Přísloví 8:13: „*Bázeň před Hospodinem znamená nenávidět zlo,*" pokud máte ve svém srdci zlo, musíte ho skrze horlivé modlitby a půst opustit. Pouze, když neuzavíráte kompromisy s hříchem, ale nenávidíte zlo, budete posvěceni a získáte předpoklady ke vstupu do nového Jeruzaléma.

Přemýšleli jsme nad důvodem, proč Bůh měří nový Jeruzalém zlatým rákosem a podívali jsme se na šest vlastností rákosu. Použití zlatého rákosu nám umožňuje dospět k závěru, že Bůh měří naši víru přesně a odměňuje nás právě podle toho, co jsme ve svém životě vykonali, a že naplňuje svá zaslíbení. Proto doufám, že si uvědomíte, že musíte mít předpoklady, které odpovídají duchovním významům zlatého rákosu, odhodit veškeré zlo a dosáhnout takového srdce, jaké má Pán.

2. Nový Jeruzalém vystavěný do čtverce

Bůh do Bible konkrétně zaznamenal velikost a uspořádání

nového Jeruzaléma. Zjevení 21:16 nám říká, že město je vystavěno do čtverce a má patnáctset mil (12 000 stadií) na délku, šířku i výšku. Někdo si může říkat: ‚Nebudeme se tam cítit jako zamčení?' Avšak Bůh vytvořil vnitřek nového Jeruzaléma tak, aby byl co nejpohodlnější a nejpříjemnější. Nikdo rovněž nemůže vidět dovnitř nového Jeruzaléma zvenku, ale lidé uvnitř hradeb mohou vidět ven. Jinými slovy, neexistuje sebemenší důvod k tomu, abyste se uvnitř hradeb cítili nepříjemně nebo stísněně.

Nový Jeruzalém ve tvaru čtverce

Jaký měl tedy Bůh důvod k tomu, aby vytvořil nový Jeruzalém ve tvaru čtverce? Stejná délka a šířka představuje řád, přesnost, právo a spravedlnost nového Jeruzaléma. Bůh má všechny věci pod kontrolou, takže se bezpočet hvězd, měsíc, slunce, sluneční soustava a zbytek vesmíru pohybuje přesně a správně bez jakékoliv chyby. Podobně Bůh vytvořil nový Jeruzalém ve tvaru čtverce, aby vyjádřil, že má pod kontrolou všechny věci a celou historii a s přesností naplní všechno až do konce.

Nový Jeruzalém má stejnou šířku a délku a dvanáct bran a dvanáct základů, tři na každé straně. Toto symbolizuje, že nezáleží na tom, kde někdo na této zemi žije, pravidla se budou spravedlivě vztahovat na všechny, kdo mají předpoklady vstoupit do nového Jeruzaléma. A tak ti, kdo mají předpoklady změřené mírou zlatého rákosu, vstoupí do nového Jeruzaléma bez ohledu na své pohlaví, věk nebo rasu.

To proto, že Bůh, se svým rovným a spravedlivým charakterem, spravedlivě soudí a přesně měří předpoklady pro vstup do nového Jeruzaléma. Kromě toho, čtverec představuje sever, jih, východ a západ. Bůh vytvořil nový Jeruzalém a povolává své dokonalé děti, které jsou spasené vírou, mezi všemi národy a ze všech čtyř směrů.

Ve Zjevení 21:16 čteme: *"Město je vystaveno do čtverce: jeho délka je stejná jako šířka. Změřil to město, a bylo to dvanáct tisíc měr. Jeho délka, šířka i výška jsou stejné."*

Ve Zjevení 21:17 rovněž čteme: *"Změřil i hradbu, a bylo to sto čtyřicet čtyři loket lidskou mírou, kterou použil anděl."*

Hradby nového Jeruzaléma jsou silné sedmdesát dva yardů.

‚Sedmdesát dva yardů' je převodem asi ‚144 loket' nebo 65 metrů nebo 213 stop. Protože je město tak obrovské, jeho hradby musí být rovněž nesrovnatelně silné.

Kapitola 4

Učiněné z ryzího zlata a drahokamů všech barev

1. Ozdobené ryzím zlatem a různými drahokamy
2. Hradby nového Jeruzaléma vytvořené z jaspisu
3. Učiněné z ryzího zlata, zářícího jako křišťál

Hradby jsou postaveny z jaspisu a město je z ryzího zlata, zářícího jako křišťál.

- Zjevení 21:18 -

Předpokládejme, že máte veškeré bohatství a moc si postavit dům, ve kterém byste vy a vaši milovaní žili navěky. Jak byste svůj dům navrhli? Jaké materiály byste použili? Nezáleží na tom, jaké náklady, dobu a množství pracovní síly by si stavba mohla vyžádat, pravděpodobně byste jej chtěli postavit co nejkrásnější a nejkouzelnější.

Nechtěl by náš Otec Bůh ze stejného důvodu postavit a ozdobit nový Jeruzalém co nejlépe a z co nejkrásnějších nebeských materiálů, aby zde mohl navždy zůstávat se svými báječnými dětmi? Kromě toho je všechno v novém Jeruzalémě velkolepé a každý materiál zde má jiný význam, abychom vzpomněli na doby, kdy jsme na této zemi s vírou a láskou trpěli.

Pro ty, kdo po novém Jeruzalémě touží z hloubi svého srdce, je pouze přirozené chtít se o něm dozvědět více.

Bůh zná srdce těchto lidí, a proto nám v Bibli poskytl podrobné a rozmanité informace o novém Jeruzalémě včetně jeho velikosti, tvaru a dokonce i tloušťky hradeb.

Z čeho je tedy toto město vytvořeno?

1. Ozdobené ryzím zlatem a různými drahokamy

Nový Jeruzalém, který Bůh připravil pro své děti, je vytvořen z ryzího zlata, které nepodléhá změně a ozdoben drahokamy. V nebi neexistuje žádný materiál podobný půdě na této zemi, která časem mění své složení. Cesty v novém Jeruzalémě jsou učiněné z ryzího zlata a základy jsou vytvořené z drahokamů. Pokud jsou písky na pobřeží řeky živé vody zlaté a stříbrné, o co úžasnější budou materiály určené pro tamní budovy?

Nový Jeruzalém: mistrovské Boží dílo

Mezi všemi světově proslulými budovami se jejich lesk, hodnota, elegance a křehkost stavba od stavby liší v závislosti na materiálech použitých k jejich výstavbě. Mramor je lesklejší, elegantnější a krásnější než písek, dřevo nebo cement. Dokážete si představit, jak nádherné a oslňující by bylo, kdybyste celou budovu postavili z drahého zlata a vzácných drahokamů? Mimo to, o co nádhernější a fantastičtější budou budovy v nebi vytvořené z těch nejkrásnějších materiálů!

Zlato a drahokamy v nebi vytvořené Boží mocí se od těch na zemi, co se týče jejich kvality, barvy a vytříbenosti, v mnohém liší. Jejich ryzost a záři, která se tak nádherně leskne, nelze dostatečně popsat slovy.

I na této zemi může být mnoho druhů nádob vytvořeno ze stejné hlíny. Může jít o drahý porcelán nebo levnou keramiku v závislosti na druhu hlíny a úrovni zručnosti hrnčíře. Bohu zabralo tisíce let postavit nový Jeruzalém, své mistrovské dílo, které je naplněno velkolepou, vzácnou a dokonalou slávou architekta města.

Ryzí zlato znamená víru a věčný život

Ryzí zlato je stoprocentní zlato bez jakýchkoliv příměsí a je jedinou věcí, která na této zemi nikdy nepodlehne změně.

Díky této vlastnosti ho mnoho zemí využívalo jako měřítko pro svou měnu a směnné kurzy. Používá se rovněž na zdobení a průmyslové účely. Ryzí zlato vyhledává a zbožňuje mnoho lidí.

Důvod, proč nám Bůh dal na této zemi zlato, je ten, aby nám umožnil uvědomit si, že existují věci, které nepodléhají změně a že existuje věčný svět. Věci na této zemi se opotřebovávají a s časem se mění. Jestliže bychom měli pouze takovéto věci, bylo by pro nás velmi obtížné si prostřednictvím našeho omezeného poznání představit, že existuje věčné nebe.

Proto nám Bůh dovoluje skrze zlato poznat, že existují věčné věci, které nikdy nepodlehnou změně. Je to určeno pro nás, abychom si představili, že je zde něco, co se nemění a také, abychom měli naději ve věčné nebe. Ryzí zlato představuje duchovní víru, která nepodléhá změně. Proto, pokud jste moudří, pokusíte se získat víru, která je jako ryzí zlato, které nepodléhá změně.

V nebi je mnoho věcí vytvořených z ryzího zlata. Představte si, jak vděční budeme, když se jen podíváme na nebe učiněné z ryzího zlata, které jsme na této zemi považovali v životě za nejvzácnější!

Avšak ti, kdo nejsou moudří, milují zlato pouze jako prostředek k tomu, jak zvýšit nebo vystavit na odiv své bohatství. V souladu s tím tito lidé zůstávají daleko od Boha a nemilují ho a nakonec skončí v pekle buď v hořícím jezeře nebo v jezeře, kde hoří síra, kde budou neustále litovat: „Kdybych byl považoval víru za stejně vzácnou jako zlato, nebyl bych trpěl v pekle."

Proto doufám, že budete moudří a získáte nebe tím, že se budete pokoušet dosáhnout neměnné víry, ne zlata tohoto světa, které budete muset opustit, až váš život na této zemi jednou skončí.

Drahokamy znamenají Boží slávu a lásku

Drahokamy jsou pevné a mají vysoký index lámání světla. Září překrásnými barvami a vydávají krásná světla. Vzhledem k tomu, že jejich produkce není vysoká, mnoho lidí je miluje a pokládá za velmi vzácné. Aby Bůh vyjádřil svou lásku, obleče v nebi ty, kdo získají nebe vírou, do krásných tkanin a ozdobí je mnoha drahokamy.

Lidé milují drahokamy a snaží se vypadat lépe tím, že se zkrášlují různými doplňky. Jak nádherné bude, až vám Bůh dá v nebi mnoho oslňujících drahokamů?

Někdo se může ptát: „Na co nám budou v nebi drahokamy?" Drahokamy v nebi představují Boží slávu a množství drahokamů, kterými je někdo odměněn, představuje míru Boží lásky k danému člověku.

V nebi existují drahokamy bezpočtu druhů a barev. Pro dvanáct základů nového Jeruzaléma jsou určeny průhledný tmavě modrý safír; průhledný zelený smaragd; tmavě červený rubín; a průhledný žlutavě zelený chrysolit. Beryl má modravě zelenou barvu, která nám připomíná průzračnou mořskou vodu a topas má lehce oranžovou barvu. Chrysopras je poloprůhledné tmavě zelené barvy a ametyst má světle fialovou nebo tmavě purpurovou barvu.

Mimo tyto se zde nacházejí nespočetné drahokamy, které mají a vydávají překrásné barvy jako jaspis, chalcedon, sardonyx a hyacint. Všechny tyto drahokamy mají různé názvy a významy stejně jako drahokamy na této zemi. Barva a název každého drahokamu se doplňují, aby daly najevo svou důstojnost, hrdost, hodnotu a slávu.

Zrovna jako drahokamy na této zemi vyzařují rozmanité barvy a světla pod různými úhly i drahokamy v nebi září rozmanitými světly a barvami. Drahokamy v novém Jeruzalémě pak září mimořádně a odrážejí světla dvojnásobně nebo až trojnásobně.

Zcela evidentně jsou tyto drahokamy krásnější mimo jakékoliv srovnání s drahokamy nalezenými na této zemi, protože Bůh sám nablýskal tyto rudy mocí stvoření. Proto apoštol Jan řekl, že je krása nového Jeruzaléma podobná nejvzácnějším kamenům.

Drahokamy v novém Jeruzalémě vyzařují rovněž krásnější světla než ty v ostatních příbytcích, protože Boží děti, které vstoupí do nového Jeruzaléma, zcela dosáhly Božího srdce a vzdaly Bohu veškerou slávu. A tak je nový Jeruzalém ozdoben zevnitř i zvenku mnoha druhy nádherných drahokamů rozmanitých barev. Avšak tyto drahokamy nejsou dány každému, ale každý je odměněn podle svých skutků víry na této zemi.

2. Hradby nového Jeruzaléma vytvořené z jaspisu

Zjevení 21:18 nám říká, že hradby nového Jeruzaléma jsou „postaveny z jaspisu." Dokážete si představit, jak impozantní budou hradby nového Jeruzaléma postavené kolem dokola z jaspisu?

Jaspis znamená duchovní víru

Jaspis, který najdete na této zemi, je obvykle pevný a neprůhledný kámen. Jeho barva bývá různá a pohybuje se od zelené, přes červenou, po žlutavě zelenou. Některé z jeho barev bývají smíchané nebo mají skvrnky. V závislosti na barvě se liší jeho pevnost. Jaspis je relativně levný a některý se i snadno rozlomí, ale nebeský jaspis vytvořený Bohem nikdy nepodlehne změně ani se nerozlomí. Nebeský jaspis má modravě bílou barvu a je průhledný, takže se při pohledu na něj cítíte, jako byste se dívali do průzračné vody. Ačkoliv ho nelze srovnávat s ničím na této zemi, je podobný oslnivému, modravému slunečnímu světlu, které se odráží na vlnách oceánu.

Tento jaspis znamená duchovní víru. Víra je nejnutnějším a nejzákladnějším prvkem pro vedení křesťanského života. Bez víry nemůžete získat spasení ani se zalíbit Bohu. Navíc, bez víry, která se líbí Bohu, nemůžete vstoupit do nového Jeruzaléma.

Proto je město vystavěno s vírou a drahokam, který dokáže vyjádřit barvu této víry, je jaspis. To je důvod, proč jsou hradby nového Jeruzaléma postaveny z jaspisu.

Jestliže nám Bible říká: „Hradby nového Jeruzaléma jsou postaveny s vírou," budou lidé schopni porozumět takovémuto výrazu? Samozřejmě, že tomu nelze rozumět lidským myšlením a pro lidi bude velmi obtížné se jen pokusit a představit si, jak nádherně je nový Jeruzalém ozdoben.

Hradby postavené z jaspisu průzračně září světlem Boží slávy a jsou ozdobené mnoha kresbami a motivy.

Město je mistrovským dílem Boha Stvořitele a místem věčného odpočinku nejlepšího ovoce za 6 000 let tříbení člověka. Jak velkolepé, nádherné a oslňující toto město bude?

Musíme si uvědomit, že nový Jeruzalém je postaven nejlepší možnou technologií a nářadím, jejichž mechanismus nedokážeme vůbec pochopit.

Ačkoliv hradby jsou průhledné, vnitřek není zvenku viditelný. Nicméně, toto neznamená, že se lidé ve městě budou cítit uvnitř hradeb města stísněně. Obyvatelé nového Jeruzaléma mohou zvnitřku vidět vnější stranu města a to jim dává pocit, jakoby zde nebyly žádné hradby. To bude úžasné!

3. Učiněné z ryzího zlata, zářícího jako křišťál

Ve druhé části věty ve Zjevení 21:18 čteme: *„Město je z ryzího zlata, zářícího jako křišťál.“* Abychom si dokázali lépe představit nový Jeruzalém a mohli uchopit jeho krásu, přemýšlejme nyní o vlastnostech zlata.

Ryzí zlato má neměnnou hodnotu

Zlato neoxiduje ani ve vzduchu ani ve vodě. Časem nepodléhá změně a při styku s ostatními substancemi neprojevuje žádnou chemickou reakci. Bůh stále udržuje jeho stejný, nádherný lesk. Zlato na této zemi je příliš měkké, takže vyrábíme slitiny; v nebi zlato tak měkké není. Zlato a ostatní drahokamy v nebi rovněž vyzařují rozdílné barvy a mají jinou pevnost než zlato a drahokamy, které se nacházejí na této zemi, protože přijímají světlo Boží slávy. I na této zemi se půvab a hodnota drahokamů liší podle zručnosti a technik klenotníka. Jak vzácné a krásné budou drahokamy v novém Jeruzalémě vzhledem k tomu, že se jich dotýkal a tesal je samotný Bůh? V nebi neexistuje chamtivost nebo touha po krásných a příjemných věcech. Na zemi mají lidé tendence k tomu milovat drahokamy pro svou marnotratnost a prázdnou slávu, ale v nebi milují drahokamy duchovně, protože znají duchovní význam každého z nich a chápou lásku Boha, který připravil nebe a ozdobil ho nádhernými drahokamy.

Bůh učinil nový Jeruzalém z ryzího zlata

Proč tedy Bůh učinil nový Jeruzalém z ryzího zlata, které září jako křišťál? Jak bylo vysvětleno dříve, ryzí zlato znamená v duchovním významu víru, naději, která se rodí prostřednictvím víry, bohatství, čest a autoritu. „Naděje, která se rodí prostřednictvím víry" znamená, že můžete získat spasení, naději pro nový Jeruzalém, opustit své hříchy, usilovat o své posvěcení a těšit se na odměny s nadějí, protože máte víru.

Proto Bůh učinil toto město z ryzího zlata, aby ti, kdo do něj vstoupí s vášnivou nadějí, byli navěky naplněni vděčností a štěstím.

Kniha Zjevení 21:18 nám říká, že nový Jeruzalém „září jako křišťál." To proto, aby vyjádřila, jak jasná a krásná je scenérie nového Jeruzaléma. Zlato v nebi je na rozdíl od zlata, které se nachází na této zemi, ryzí a září jako křišťál.

Nový Jeruzalém je jasný a krásný a bez jakéhokoliv kazu,

Učiněné z ryzího zlata a drahokamů všech barev

protože je učiněn z ryzího zlata. Proto apoštol Jan zaznamenal, že město je jako „*z ryzího zlata, zářícího jako křišťál.*"

Pokuste se představit si toto město učiněné z ryzího, prvotřídního zlata a mnoha druhů nádherných drahokamů rozličných barev.

Potom, co jsem přijal Pána, začal jsem považovat zlato a drahokamy za obyčejné kameny a nikdy jsem po nich netoužil. Byl jsem plný naděje v nebe a nemiloval jsem již věci tohoto světa. Ale, když jsem se modlil za to, abych se dozvěděl více o nebi, Pán mi řekl: „*V nebi je všechno učiněné z nádherných drahokamů a zlata; měl bys je mít rád.*" Neměl tím na mysli, že bych měl začít sbírat zlato a drahokamy. Spíše jsem si měl uvědomit Boží prozíravost a duchovní význam drahokamů a milovat je způsobem, který Bůh považuje za správný.

Proto vás nabádám, abyste *duchovně milovali* zlato a drahokamy. Když uvidíte zlato, můžete si pomyslet: „Měl bych mít víru jako ryzí zlato." Když spatříte drahokamy, můžete doufat v nebe a říkat si: „Jaký bude můj dům v nebi?"

Modlím se ve jménu našeho Pána Ježíše Krista, ať můžete vlastnit nebeský dům učiněný ze zlata, které nepodléhá změně, a nádherných drahokamů tím, že získáte víru podobnou ryzímu zlatu a budete směřovat k nebi.

Kapitola 5

Významy dvanácti základů

1. Jaspis: duchovní víra
2. Safír: přímost a neporušenost
3. Chalcedon: nevinnost a obětavá láska
4. Smaragd: spravedlnost a bezúhonnost
5. Sardonyx: duchovní věrnost
6. Karneol: vášnivá láska
7. Chrysolit: milosrdenství
8. Beryl: trpělivost
9. Topas: duchovní dobrota
10. Chrysopras: sebeovládání
11. Hyacint: čistota a svatost
12. Ametyst: krása a pokora

*Základy hradeb toho města jsou samý
drahokam: první základní kámen je
jaspis, druhý safír, třetí chalcedon, čtvrtý
smaragd, pátý sardonyx, šestý karneol,
sedmý chrysolit, osmý beryl, devátý topas,
desátý chrysopras, jedenáctý hyacint a
dvanáctý ametyst.*

- Zjevení 21:19-20 -

Apoštol Jan rovněž podrobně napsal o dvanácti základech. Proč Jan napsal tak důkladnou zprávu o novém Jeruzalémě? Bůh chce, aby jeho děti získaly věčný život a opravdovou víru tím, že se dozvědí o duchovním významu dvanácti základů nového Jeruzaléma. Proč tedy Bůh učinil dvanáct základů z dvanácti drahých kamenů? Kombinace dvanácti drahých kamenů představuje srdce Ježíše Krista a Boha, vrchol lásky. A tak, porozumíte-li duchovnímu významu každého z dvanácti drahých kamenů, můžete snadno rozpoznat, jak moc se vaše srdce podobá srdci Ježíše Krista a zda jste způsobilí k tomu vstoupit do nového Jeruzaléma. Prozkoumejme nyní dvanáct vzácných kamenů a jejich duchovní významy.

1. Jaspis: duchovní víra

Jaspis, první základ hradeb nového Jeruzaléma, znamená duchovní víru. Víru lze obecně rozdělit na „duchovní víru" a „tělesnou víru." Zatímco tělesná víra je víra obsahující pouze vědomosti, duchovní víra je víra doprovázená skutky vyvěrajícími z hloubi srdce. Co po nás Bůh chce, není tělesná víra, ale víra duchovní. Jestliže nemáte duchovní víru, vaši „víru" nebudou doprovázet skutky a nemůžete se ani zalíbit Bohu, ani vstoupit do nového Jeruzaléma.

Duchovní víra je základem křesťanského života

"Duchovní víra" se vztahuje na druh víry, díky které dokáže člověk hluboko ve svém srdci věřit celému Božímu slovu. Máte-li tuto víru následovanou skutky, budete se snažit o posvěcení a směřování přímo do nového Jeruzaléma. Duchovní víra je nejdůležitějším prvkem pro to, abyste mohli vést křesťanský život. Bez víry nemůžete být spaseni, nemůžete dostávat odpovědi na své modlitby ani mít naději v nebe.

Židům 11:6 nám připomíná: *"Bez víry však není možné zalíbit se Bohu. Kdo k němu přistupuje, musí věřit, že Bůh jest a že se odměňuje těm, kdo ho hledají."* Pokud máte opravdovou víru, budete věřit v Boha, který vás odměňuje a potom budete moci být věrní, bojovat proti hříchům, abyste se jich zbavili, a jít úzkou cestou. Také budete moci horlivě konat dobro a díky následování Ducha svatého vstoupit do nového Jeruzaléma.

A tak je víra základem křesťanského života. Zrovna jako budova nemůže být bezpečná bez pevných základů, ani vy nemůžete vést řádný křesťanský život bez pevné víry. Proto nás list Judův 1:20-21 nabádá: *"Ale vy, milovaní, budujte svůj život na přesvaté víře, modlete se v Duchu svatém, uchovejte se v lásce Boží a očekávejte milosrdenství našeho Pána Ježíše Krista k věčnému životu."*

Abraham, otec víry

Nejlepším příkladem biblické postavy, která neochvějným způsobem důvěřovala Božímu slovu a projevovala skutky poslušnosti, je Abraham. Abraham byl nazýván 'Otcem víry', protože projevoval dokonalé skutky pevné víry.

Když mu bylo 75 let, dostalo se mu od Boha slov o velikém požehnání. Jednalo se o příslib, že Bůh učiní skrze Abrahama veliký národ a Abraham bude zdrojem požehnání. On těmto slovům uvěřil a opustil své rodné město, nicméně po více než 20ti letech stále neměl syna, který by se stal jeho dědicem.

Uplynulo již mnoho času a Abraham i jeho žena Sára oba velmi zestárli na to, aby ještě měli děti. I v takové situaci Římanům 4:19-20 říká: „*Neochabl ve víře.*" Jeho víra zesílila a on zcela důvěřoval Božímu zaslíbení, a tak se ve věku 100 let dočkal svého syna Izáka.

A je tu ještě jedna událost, kdy Abrahamova víra zazářila mnohem jasněji. Bylo to tehdy, když Bůh Abrahamovi přikázal, aby obětoval svého jediného syna Izáka jako zápalnou oběť. Abraham nepochyboval o Božích slovech o tom, že mu Bůh dá skrze Izáka nespočetné potomstvo. Protože měl neochvějnou víru v Boží slovo, měl za to, že Bůh Izáka oživí, i když ho obětuje jako zápalnou oběť.

To je důvod, proč ihned uposlechl Boží slovo. Díky tomuto všemu měl Abraham více než dost předpokladů k tomu stát se otcem víry. Skrze Abrahamovy potomky byl rovněž utvořen izraelský národ. To znamená, že ovoce své víry nesl v hojnosti také v těle.

Protože důvěřoval Bohu a jeho slovu, poslechl to, co mu bylo řečeno. To je příklad duchovní víry.

Petr obdržel klíče od nebeského království

Přemýšlejme nyní o někom, kdo měl tento druh duchovní víry. Jaký druh víry měl apoštol Petr, že je jeho jméno napsáno na jednom ze základů nového Jeruzaléma? Ještě předtím, než byl povolán jako učedník, víme, že Petr poslouchal Ježíše; například, když mu Ježíš řekl, aby spustil sítě, ihned mu vyhověl (Lukáš 5:3-6). Rovněž, když mu Ježíš pověděl, aby přivedl oslici a oslátko, Petr s vírou uposlechl (Matouš 21:1-7). Petr také poslechl, když mu Ježíš řekl, aby šel k moři, chytil rybu a vytáhl z ní peníz (Matouš 17:27). Kromě toho kráčel po vodě jako Ježíš, byť to bylo jen na chvíli. Můžeme si tedy udělat představu o tom, že Petr měl ohromnou víru.

V důsledku toho Ježíš považoval Petrovu víru za spravedlivou a dal mu klíče od nebeského království, takže cokoliv odmítl na zemi, mělo být odmítnuto v nebi, a co přijal na zemi, mělo být přijato v nebi (Matouš 16:19). Petr získal dokonalejší víru potom, co dostal Ducha svatého, odvážně svědčil o Ježíši Kristu a zasvětil se Božímu království po zbytek svého života, dokud se nestal mučedníkem.

A tak bychom měli směřovat k nebi stejným způsobem jako Petr, vzdávat Bohu slávu a získat nový Jeruzalém vírou, která se Bohu líbí.

2. Safír: přímost a neporušenost

Safír, druhý základ hradeb nového Jeruzaléma, vydává průhlednou, tmavě modrou barvu. Jaký má však safír duchovní význam? Znamená přímost a neporušenost pravdy samotné, což stojí pevně proti jakémukoliv pokušení nebo hrozbám tohoto světa. Safír je kámen, který znamená světlo pravdy, která může stále kráčet neochvějně přímo vpřed, a „přímé srdce", které považuje veškerou Boží vůli za správnou.

Daniel a jeho tři přátelé

Dobrý příklad duchovní přímosti a neporušenosti v Bibli můžeme nalézt u Daniela a jeho tří přátel – Šadraka, Méšaka a Abed-nega. Daniel nedělal kompromisy s ničím, co nebylo v souladu s Boží spravedlností, třebaže se jednalo o rozkaz jeho krále. Daniel se pevně držel své spravedlnosti před Bohem, až byl kvůli tomu vhozen do lví jámy. Bohu se neporušenost Danielovy víry zalíbila natolik, že ho ochránil tím, že poslal své anděly, aby lvům zavřeli tlamy a umožnili tak Danielovi oslavovat Boha.

V Danielovi 3:16-18 se rovněž dočteme, že se Danielovi tři přátelé svým přímým srdcem také drželi víry, až byli vhozeni do ohnivé pece. Aby se nedopustili hříchu uctívání modly, statečně před králem vyznali následující:

Nebúkadnesare, nám není třeba dávat ti odpověď. Jestliže náš Bůh, kterého my uctíváme, nás bude chtít vysvobodit z rozpálené ohnivé pece i z tvých rukou, králi, vysvobodí nás. Ale i kdyby ne, věz, králi, že tvé bohy uctívat nebudeme a před zlatou sochou, kterou jsi postavil, se nepokloníme.

Nakonec, i když byli vhozeni do ohnivé pece sedmkrát

rozpálenější než obvykle, Danielovi tři přátelé nebyli ani trochu sežehnuti, protože Bůh byl s nimi. Jak úžasné je, že nebyl z jejich hlavy sežehnut ani vlas a dokonce nebyli cítit ani ohněm! Král, který se stal svědkem toho všeho, vzdal slávu Bohu a Danielovy tři přátele povýšil.

Měli bychom prosit s důvěrou a bez pochybností

Jakubův list 1:6-8 nám říká, jak moc Bůh nenávidí srdce, které není přímé:

> *Nechť však prosí s důvěrou a nic nepochybuje. Kdo pochybuje, je podoben mořské vlně, hnané a zmítané vichřicí. Ať si takový člověk nemyslí, že od Pána něco dostane; je to muž rozpolcený, nestálý ve všem, co činí.*

Pokud nemáme přímé srdce a byť jen sebeméně nedůvěřujeme Bohu, jsme rozpolcení. Ti, kdo nedůvěřují, jsou náchylní k tomu, že je pokušení tohoto světa snadno vyvede z míry, protože jsou nepozorní a vychytralí. Kromě toho, ti, kdo jsou „rozpolcení", nemohou vidět Boží slávu, protože nedokážou ani projevit svou víru, ani poslechnout. Proto nám list Jakubův 1:7 připomíná: *„Ať si takový člověk nemyslí, že od Pána něco dostane."*

Brzy po založení mé církve moje tři dcery téměř zemřely na otravu oxidem uhelnatým. Nedělal jsem si však vůbec žádné starosti a ani mě nenapadlo vzít je do nemocnice, protože jsem naprosto důvěřoval všemohoucímu Bohu. Prostě jsem vystoupil na oltář, poklekl a modlil se děkovnou modlitbu. Potom jsem se modlil s vírou: „Nařizuji ve jménu Ježíše Krista! Jedovatý plyne, odejdi!" Na to mé dcery, které byly v bezvědomí, postupně jedna za druhou vstávaly, zatímco jsem se za každou z nich modlil.

Mnoho členů církve, kteří se stali svědky této události, bylo v takovém úžasu a prožívalo takovou radost, že velmi oslavovali Boha.

Pokud máme víru, která nikdy nedělá kompromisy se světem, a přímé srdce, které se líbí Bohu, můžeme ho bezmezně oslavovat a vést požehnaný život v Kristu.

3. Chalcedon: nevinnost a obětavá láska

Chalcedon, třetí základ hradeb nového Jeruzaléma, symbolizuje svým duchovním významem nevinnost a obětavou lásku.

Nevinnost je stav, kdy je člověk v činech čistý a nezkažený a srdce, které nemá žádné chyby. Když je někdo s touto čistotou srdce schopný se obětovat, jedná se o srdce obsažené v chalcedonu.

Obětavá láska je taková láska, která nikdy nic nežádá na oplátku, jde-li o spravedlnost a Boží království. Jestliže má někdo obětavou lásku, bude spokojený pouze se skutečností, že miluje druhé v jakékoliv situaci, a nebude usilovat o nic na oplátku. To proto, že duchovní láska nehledá svůj vlastní prospěch, ale usiluje pouze o dobro druhých.

U tělesné lásky se nicméně člověk cítí prázdný, zarmoucený a má zlomené srdce, pokud není druhými také na oplátku milován, protože tento druh lásky je v podstatě sobecký. Proto může člověk s tělesnou láskou bez obětavého srdce nakonec nenávidět druhé nebo se znepřátelit s těmi, se kterými si býval tak blízký.

A tak je třeba si uvědomit, že opravdová láska je láska našeho Pána, který miloval všechny lidi a stal se obětí usmíření.

Obětavá láska, která nežádá nic na oplátku

Náš Pán Ježíš, který je ve své samotné podstatě Bohem, ze sebe učinil nic, ponížil se a přišel na tuto zemi v těle, aby spasil celé lidstvo. Narodil se v chlévě a byl položen do jeslí, aby spasil lidi, kteří jsou jako zvířata. Žil celý svůj život v chudobě, aby nás z chudoby spasil. Ježíš uzdravoval nemocné, posiloval slabé, dával naději zoufalým a přátelil se s odmítanými. Projevoval nám pouze dobrotu a lásku, ale byl proto zesměšňován, bičován a nakonec ukřižován s trnovou korunou na hlavě. To všechno zlými lidmi, kteří si neuvědomili, že přišel jako náš Spasitel.

I když trpěl bolestí na kříži, modlil se Ježíš k Bohu Otci v lásce za ty, kdo se mu vysmívali a ukřižovali ho. Byl bez viny a bez poskvrny, avšak sám ukřižován za lidské bytosti, které jsou hříšné. Náš Pán dal tuto obětavou lásku všem lidem a chce, aby se navzájem milovali. A tak bychom my, kteří jsme od Pána obdrželi tento druh lásky, neměli chtít ani očekávat cokoliv na oplátku, pokud druhé opravdu milujeme.

Rút, která projevila obětavou lásku

Rút nebyla Izraelitka, ale Moábka. Vdala se za syna Noemi, která přišla do moábské země, aby utekla před hladomorem v Izraeli. Noemi měla dva syny a oba se oženili s Moábkami. Oba její synové však zde zemřeli. Když se v této situaci Noemi dozvěděla, že hladomor v Izraeli skončil, chtěla se do Izraele vrátit. Proto Noemi svým snachám navrhla, aby zůstaly ve své vlasti, v Moábu. Jedna z nich nejprve odmítla, ale nakonec se navrátila zpět ke svým rodičům. Rút však trvala na tom, že bude svou tchyni následovat.

Kdyby Rút neměla obětavou lásku, neudělala by to. Rút musela svou tchyni živit, protože ta už byla velmi stará. Kromě toho, šla s ní žít do země, která pro ni byla naprosto cizí. Nečekala ji ani žádná odměna, třebaže své tchyni sloužila velmi dobře.

Rút projevila obětavou lásku vůči své tchyni, se kterou ji nepojilo žádné pokrevní příbuzenství, a tak pro ni byla jako úplně cizí. To proto, že Rút rovněž věřila v Boha, ve kterého věřila její tchyně. To znamená, že obětavá láska Rút neměla své kořeny pouze v jejím smyslu pro povinnost. Jednalo se o duchovní lásku, která vycházela z víry v Boha.

Rút přišla se svou tchyní do Izraele a musela velmi tvrdě pracovat. Přes den paběrkovala na poli, aby získala jídlo a tím posloužila své tchyni. Tento ryzí skutek dobroty vešel přirozeně ve známost i mezi tamními lidmi. Nakonec se Rút dostalo mnohého požehnání skrze Bóaze, který byl mezi příbuznými své tchyně příbuzný-zastánce.

Mnoho lidí si myslí, že když se pokoří a obětují, sníží se tak jejich hodnota. To je důvod, proč se nedokážou obětovat ani pokořit. Avšak ti, kdo se obětují bez sobeckých motivů s čistým srdcem, budou před Bohem a lidmi odhaleni. Dobrota a láska budou svítit ostatním jako duchovní světla. Bůh přirovnává světlo této obětavé lásky ke světlu chalcedonu, třetího základního kamene.

4. Smaragd: spravedlnost a bezúhonnost

Smaragd, čtvrtý základ hradeb nového Jeruzaléma, je zelený a symbolizuje krásu a jemnou zeleň přírody. Smaragd symbolizuje v duchovním slova smyslu spravedlnost a bezúhonnost a znamená ovoce světla, jak je zaznamenáno v Efezským 5:9, kde čteme: *„Ovocem světla je vždy dobrota, spravedlnost a pravda."* Barva, která má harmonii ‚veškeré dobroty, spravedlnosti a pravdy' je stejná jako duchovní světlo smaragdu. Pouze, když máme veškerou dobrotu, spravedlnost a pravdu, můžeme dosáhnout opravdové spravedlnosti v Božích očích.

Nemůže existovat pouze dobrota bez spravedlnosti nebo jen spravedlnost bez dobroty. A tato dobrota a spravedlnost musejí být pravdivé. Pravda je něco, co se nikdy nezmění. Proto, třebaže máme dobrotu a spravedlnost, bez pravdivosti to nemá smysl.

„Spravedlnost", kterou Bůh uznává, znamená opustit hříchy, zcela se držet nařízení nalezených v Bibli, očistit se ze všech nepoctivých věcí, být v celém svém životě věrný a podobně. Také usilovat o Boží království a spravedlnost podle Boží vůle, rovné a ukázněné jednání, nesejít z cesty práva, stát pevně v pravdě a tak dále, to všechno patří ke „spravedlnosti" uznávané Bohem.

Nezáleží na tom, jak pokorní a dobří jsme, dokud nebudeme

spravedliví, ovoce světla neponeseme. Dejme tomu, že někdo popadne vašeho otce za krk a urazí ho, ačkoliv je nevinný. Pokud zůstanete v klidu a sledujete svého otce, jak trpí, nemůžeme to nazvat opravdovou spravedlností, nedá se totiž říci, že konáte svou povinnost syna ke svému otci.

Proto dobrota bez spravedlnosti není v Božích očích duchovní „dobrota." Jak může být záludná a nerozhodná mysl dobrá? Naopak, ani spravedlnost nemůže být bez dobroty v Božích očích „spravedlnost", ale pouze spravedlnost v našich vlastních očích.

Spravedlnost a bezúhonnost Davida

David byl druhým izraelským králem, hned po Saulovi. Když byl Saul králem, Izrael bojoval proti Pelištejcům. David se Bohu zalíbil svou vírou a porazil Goliáše. Díky tomu získal Izrael vítězství.

Když potom lid miloval Davida, Saul se pokoušel Davida ze žárlivosti zabít. Saula Bůh již kvůli jeho domýšlivosti a neposlušnosti opustil. Bůh zaslíbil, že učiní namísto Saula králem Davida.

V této situaci David zacházel se Saulem s veškerou dobrotou, spravedlností a pravdivostí. I když byl nevinný, musel David neustále prchat před Saulem, který se ho snažil po dlouhou dobu zabít. Jednou měl David velmi dobrou příležitost Saula zabít. Vojáci, kteří byli s Davidem, byli velmi šťastní a chtěli Saula zabít, ale David je před tím zadržel.

1 Samuelova 24:7 říká: „*Svým mužům [David] řekl: ‚Chraň*

mě Hospodin, abych se dopustil něčeho takového na svém pánu, na Hospodinově pomazaném, a vztáhl na něho ruku. Je to přece Hospodinův pomazaný!'"* Třebaže Saula Bůh opustil, David nedokázal ublížit tomu, kterého Bůh pomazal za krále. Protože moc nad životem a smrtí Saula měl Bůh, David nešel nad rámec své moci. Bůh říká, že toto Davidovo srdce je spravedlivé.

Jeho spravedlnost byla odhalena společně s dojemnou dobrotou. Saul se ho snažil zabít, ale David ušetřil jeho život. To je veliká dobrota. Neoplácel zlé zlým, ale pouze ho oplácel dobrými slovy a skutky. Tato dobrota a spravedlnost byly pravdivé, což znamená, že vycházely z pravdivosti samotné.

Když se Saul dozvěděl, že David ušetřil jeho život, dojala ho tato dobrota a zdálo se, že se jeho srdce změnilo. Brzy se však jeho myšlenky znovu změnily a zase se pokusil Davida zabít. David měl opět příležitost Saula zabít, ale stejně jako dříve nechal Saula žít. David projevil dobrotu a spravedlnost beze změny, které Bůh uznal.

Kdyby David zabil Saula při první příležitosti, stal by se králem dříve, aniž by prošel tolikerým utrpením? Samozřejmě, že by se jím mohl stát. Třebaže musíme v realitě projít větším utrpením a obtížemi, měli bychom mít takové srdce, abychom si vybrali Boží spravedlnost. A jakmile nás Bůh jednou uznává za spravedlivé, úroveň Božího zaručení se za nás bude jiné.

David nezabil Saula vlastníma rukama. Saul byl zabit rukama pohanů. A jak Bůh Davida vyzkoušel, stal se izraelským králem. Kromě toho, potom co se David stal králem, dokázal vytvořit velmi silný národ. Nejhlavnějším důvodem je to, že se Bohu velmi líbilo spravedlivé a čisté srdce Davida.

Ze stejného důvodu musíme být i my harmoničtí a dokonalí v dobrotě, spravedlnosti a pravdě, abychom mohli nést hojné ovoce světla – ovoce smaragdu, čtvrtého základu, a vydávat vůni spravedlnosti, která se bude Bohu líbit.

5. Sardonyx: duchovní věrnost

Sardonyx, pátý základ hradeb nového Jeruzaléma, symbolizuje duchovní věrnost. Pokud děláme pouze to, co se od nás očekává, nemůžeme říct, že jsme věrní. To, že jsme věrní, můžeme říct, když děláme více, než se od nás očekává. Abychom dělali více, než nám bylo uloženo jako povinnost, nesmíme být líní. Musíme být pilní a těžce pracovat ve všech aspektech při konání svých povinností a potom musíme dělat více než to.

Dejme tomu, že jste zaměstnanec. Jestliže pouze dobře pracujete, můžeme říct, že jste věrní? Udělali jste pouze to, co jste udělat měli, takže nemůžeme říct, že jste pracovití a věrní. Neměli byste pouze vykonat práci, která vám byla svěřena, ale také se snažit dělat věci, které vám původně uloženy nebyly, a to celým svým srdcem a myslí. Až poté může někdo říct, že jste věrní.

Takovou přičinlivou věrnost, kdy děláte své povinnosti celým svým srdcem, myslí, duší a životem, Bůh uznává. A takovou věrnost musíte uskutečňovat ve všech oblastech: v církvi, na pracovišti i v rodině. Potom říkáme, že jste věrní v celém Božím domě.

Být duchovně věrní

Abychom měli duchovní věrnost, musíme mít nejprve spravedlivé srdce. Měli bychom toužit potom, aby se šířilo Boží království, aby nastalo probuzení a růst v církvi, aby vzkvétalo pracovní místo a aby byly naše rodiny šťastné. Pokud neusilujeme pouze o svůj vlastní prospěch, ale toužíme po tom, aby se dařilo ostatním a naší komunitě, znamená to mít spravedlivé srdce.

Abychom byli věrní a společně s tím měli toto spravedlivé srdce, musíme mít obětavé srdce. Pokud si pouze myslíme: „Nejdůležitější věc je moje prosperita, ne to zda roste nebo neroste církev," pravděpodobně se pro církev neobětujeme. U takového člověka nemůžeme najít věrnost. Také Bůh nemůže říct, že takové srdce je srdcem, které je spravedlivé.

Pokud máme navíc k této spravedlnosti rovněž obětavé srdce, budeme věrně pracovat pro spasení duší a pro církev. Třebaže nemáme žádné zvláštní povinnosti, budeme horlivě zvěstovat evangelium. I když nás o to nikdo nepožádá, budeme se starat o jiné duše. Budeme také obětovat svůj volný čas, abychom se postarali o tyto duše. Také utratíme své vlastní peníze ku prospěchu jiných duší a dáme jim veškerou svou lásku a věrnost.

Abychom byli věrní ve všech věcech, měli bychom také mít dobré srdce. Ti, kdo mají dobré srdce, nebudou inklinovat jen k jedné nebo k druhé straně. Kdybychom pak opominuli určitý bod, nebudeme se v tom cítit dobře, pokud máme dobré srdce.

Jestliže máte dobré srdce, budete věrní ve všech povinnostech, které máte. Nebudete zanedbávat jinou skupinu a myslet si: „Protože jsem vedoucí této skupiny, členové druhé skupiny pochopí, proč nemohu přijít na setkání." Budete to vnímat v rámci své dobroty, že byste neměli zanedbávat druhou skupinu. Takže, i když se nemůžete dostavit na setkání, udělejte něco a starejte se také o druhou skupinu. Rozsah takového postoje se bude lišit podle velikosti dobroty, kterou v sobě máte. Pokud máte málo dobroty, nebudete se ve skutečnosti ani moc starat o druhou skupinu. Máte-li však v sobě více dobroty, nebudete jen tak ignorovat, když vám něco způsobí neklid v srdci. Dobře víte, jaké skutky jsou skutky dobroty a pokud nebudete uskutečňovat tuto dobrotu, bude pro vás obtížné to snést. Pokoj budete prožívat pouze tehdy, když budete projevovat skutky dobroty.

Ti, kdo mají dobré srdce, budou mít brzy v srdci neklid, pokud nedělají, co mají za daných okolností dělat, ať je to na pracovišti nebo doma. Ani se nevymlouvají, že jim to situace nedovolila.

Dejme tomu například, že máme členku církve, která má v církvi na zodpovědnost mnoho věcí. Tráví v církvi mnoho času. Relativně se dá říct, že tráví méně času se svým manželem a dětmi, než tomu bývalo dříve.

Má-li opravdu dobré srdce a je-li věrná ve všech aspektech, tak jak se množství času stráveného v církvi sníží, bude projevovat svému manželovi a svým dětem více lásky a více o ně pečovat. Musí dělat, co je v jejích silách, ve všech aspektech a ve veškeré práci.

Potom lidé okolo ní budou moci vnímat pravdivou vůni jejího srdce a budou spokojení. Protože cítí dobrotu a pravdivou lásku, pokusí se jí porozumět a pomoci jí. V důsledku toho bude mít s každým pokoj. To je skryto za výrazem být věrný v celém Božím domě s dobrým srdcem.

Jako Mojžíš, který byl věrný v celém Božím domě

Mojžíš byl prorokem, kterého Bůh uznával natolik, že s ním mluvil tváří v tvář. Mojžíš zcela vykonával všechny své povinnosti, aby uskutečnil věci, které mu Bůh přikázal uskutečnit, aniž by mnoho přemýšlel o svých vlastních těžkostech. Izraelský lid si i potom, co se všichni stali svědky a zakusili Boží zázraky a znamení, neustále stěžoval a neposlouchal, když čelili byť sebemenším těžkostem. Mojžíš je však neustále vedl ve víře a lásce. Dokonce, i když se Bůh na izraelský lid hněval kvůli jeho hříchům, Mojžíš se od svého lidu neodvrátil, ale namísto toho za něj prosil o odpuštění. Potom se Mojžíš obrátil k Hospodinu a řekl následující:

Ach, tento lid se dopustil velikého hříchu, udělali si zlatého boha. Můžeš jim ten hřích ještě odpustit? Ne-li, vymaž mě ze své knihy, kterou píšeš! (Exodus 32:31-32)

Postil se za svůj lid, riskoval svůj vlastní život a byl věrný více, než od něj Bůh očekával. Proto Bůh Mojžíše uznával a ujišťoval ho slovy: „*Má trvalé místo v celém mém domě*" (Numeri 12:7).

Kromě toho, věrnost, kterou symbolizuje sardonyx, znamená být věrný až na smrt, jak je napsáno ve Zjevení 2:10. To je možné pouze tehdy, když na prvním místě milujeme Boha. Znamená to dát všechen svůj čas, peníze a dokonce i život a dělat celým svým srdcem a myslí více, než co nám bylo uloženo.

Za starých časů existovali loajální stoupenci, kteří pomáhali králi a byli věrní svému národu až do bodu, kdy obětovali svůj vlastní život. Kdyby byl král tyran, opravdoví loajální stoupenci by králi radili následovat správnou cestu, třebaže by to vedlo k obětování jejich vlastního života. Mohli by být posláni do vyhnanství nebo usmrceni, ale oni byli loajální, protože milovali svého krále a národ, i když si tato láska žádala jejich život.

Abychom dělali více, než se od nás vyžaduje, musíme na prvním místě milovat Boha způsobem, jakým se tito loajální stoupenci vzdávali svého života pro národ a způsobem, jakým byl věrný Mojžíš v celém Božím domě, aby dosáhl Božího království a spravedlnosti. A tak se musíme rychle posvěcovat a být věrní ve všech aspektech svého života, abychom získali předpoklady vstoupit do nového Jeruzaléma.

6. Karneol: vášnivá láska

Karneol má průhlednou, tmavě červenou barvu a symbolizuje sálající slunce. Je šestým základem hradeb nového Jeruzaléma a v duchovním slova smyslu symbolizuje vášeň, nadšení a vášnivou lásku ve vztahu k dosahování Božího království a spravedlnosti. Je to cit věrně vykonat uložené úkoly a povinnosti ze všech svých sil.

Různé úrovně vášnivé lásky

Existuje mnoho úrovní vášnivé lásky a obecně může být láska rozdělena na duchovní lásku a tělesnou lásku. Duchovní láska se nikdy nezmění, protože ji dává Bůh, ale tělesná láska se snadno změní hlavně proto, že je sobecká.

Nezáleží na tom, jak opravdově se může láska světských lidí jevit, nikdy nemůže být duchovní láskou, láskou Pána, kterou lze získat pouze v pravdě. Dokud nepřijmeme Pána a nepoznáme pravdu, nemůžeme mít duchovní lásku. Můžeme ji získat až potom, co se naše srdce podobá srdci Pána.

Máte tuto duchovní lásku? Můžete sami sebe přezkoumat podle definice duchovní lásky v 1 Korintským 13:4-7.

> *Láska je trpělivá, laskavá, nezávidí, láska se nevychloubá a není domýšlivá. Láska nejedná nečestně, nehledá svůj prospěch, nedá se vydráždit, nepočítá křivdy. Nemá radost ze špatnosti, ale vždycky se raduje z pravdy. Ať se děje cokoliv, láska vydrží, láska věří, láska má naději, láska vytrvá.*

Například, jestliže jsme trpěliví, ale sobečtí, nebo se snadno nenahněváme, ale jsme sprostí, ještě nemáme duchovní lásku, o které píše Pavel. Abychom měli opravdovou duchovní lásku, nesmíme vynechat jedinou věc.

Na jednu stranu, pokud máte stále dojem osamělosti nebo prázdnoty, třebaže si myslíte, že máte duchovní lásku, je to proto, že jste chtěli získat něco na oplátku, aniž byste si to uvědomovali. Vaše srdce ještě nebylo zcela naplněno pravdou duchovní lásky.

Na druhou stranu, jste-li naplněni duchovní láskou, nebudete se nikdy cítit osaměle nebo mít pocit prázdnoty, ale budete vždy veselí, šťastní a vděční. Duchovní láska se raduje z dávání: čím více dáváte, tím větší radost máte, jste vděčnější a šťastnější.

Duchovní láska se raduje z dávání samotného

Římanům 5:8 nám říká: „*Bůh však prokazuje svou lásku k nám tím, že Kristus za nás zemřel, když jsme ještě byli hříšní.*" Bůh velmi miluje svého jediného Syna Ježíše, protože Ježíš je pravda samotná, která se přesně podobá samotnému Bohu. Avšak, přece dal Bůh svého jediného Syna jako oběť usmíření. Jak veliká a vzácná je Boží láska! Bůh projevil svou lásku k nám tím, že obětoval svého jediného Syna. Proto v 1 Janově 4:16 čteme: „*Také my jsme poznali lásku, kterou Bůh má k nám, a věříme v ni. Bůh je láska, a kdo zůstává v lásce, v Bohu zůstává a Bůh v něm.*"

Abychom vstoupili do nového Jeruzaléma, musíme mít Boží lásku, díky které dokážeme obětovat sami sebe a která se raduje z dávání, takže budeme moci předložit důkaz, který svědčí o našem životě v Bohu.

Vášnivá láska apoštola Pavla k lidským duším

Biblická postava, která má takové vášnivé srdce podobající se karneolu a obětovala se Božímu království, je apoštol Pavel. Od chvíle, kdy se setkal s Bohem, až do chvíle jeho vlastní smrti se jeho skutky lásky k Pánovi nezměnily. Jako apoštol pohanů zachránil mnoho duší a na svých třech misijních cestách založil mnoho církví. Do chvíle, kdy byl umučen v Římě, neustále svědčil o Ježíši Kristu.

Jako apoštol pohanů si Pavel počínal velmi neoblomně a odvážně. Ocitnul se v situacích, které ho ohrožovaly na životě, a neustále zakoušel pronásledování od Židů. Byl bit a vězněn a třikrát ztroskotal. Často se nevyspal, byl o hladu a žízni, snášel chladné i horké počasí. Během jeho misijních cest nastala spousta situací, které jsou pro člověka obtížné zvládnout. Pavel své volby však nikdy nelitoval. Nikdy ho nenapadaly chvilkové myšlenky jako: „Je to tak těžké, kdybych si jen na chvíli mohl odpočinout..." Jeho srdce nikdy nezakolísalo a on se nikdy ničeho nebál. Ačkoliv procházel mnoha obtížemi, jeho prvořadý zájem byla pouze církev a věřící.

Je to tak, jak vyznal v 2 Korintským 11:28-29: „*A nadto ještě na mne denně doléhá starost o všechny církve. Je někdo sláb, abych já nebyl sláb spolu s ním? Propadá někdo pokušení, abych já se tím netrápil?*"

Až do chvíle, kdy vydal i svůj vlastní život, Pavel projevoval vášeň a horlivost přitom, jak usiloval o spasení duší. To, jak zanícená byla jeho touha po spasení duší, čteme v Římanům 9:3: „*Přál bych si sám být proklet a odloučen od Krista Ježíše za své bratry, za lid, z něhož pocházím.*"

Výrazem ,své bratry' zde nemá na mysli své pokrevní příbuzné. Vztahuje se to na všechny Izraelity včetně těch, kteří ho pronásledovali. Řekl, že by si dokonce zvolil jít do pekla, jen kdyby oni mohli získat spasení. Můžeme tedy vidět, jak veliká byla jeho vášnivá láska k duším a jak veliká jeho horlivost za jejich spasení.

Tuto vášnivou láska k Pánu a horlivost a úsilí za spasení jiných duší představuje červená barva karneolu.

7. Chrysolit: milosrdenství

Chrysolit, sedmý základ hradeb nového Jeruzaléma, je průhledný nebo poloprůhledný kámen, který vyzařuje žlutou, zelenou, modrou nebo růžovou barvu nebo se občas zdá úplně průhledný.

Co chrysolit symbolizuje v duchovním slova smyslu? Duchovní význam milosrdenství znamená porozumět v pravdě někomu, komu nelze vůbec porozumět a odpustit v pravdě člověku, kterému nelze vůbec odpustit. Porozumět a odpustit ‚v pravdě' znamená porozumět a odpustit s láskou v dobrotě. Milosrdenství, se kterým dokážeme přijímat druhé s láskou, je milosrdenství, které symbolizuje chrysolit.

Ti, kdo mají toto milosrdenství, nemají žádné předsudky. Nemyslí si: ‚Nemám ho rád kvůli tomu. Nemám ji rád kvůli tamtomu.' Není nikdo, koho by neměli rádi nebo koho by měli v nenávisti. Samozřejmě, že nemají žádné nepřátelství.

Pouze se pokoušejí na všechno dívat a o všem přemýšlet hezky. Každého přijmou. A tak, i když čelí člověku, který se dopustil vážného hříchu, projeví slitování. Nenávidí hřích, ale ne hříšníka. Spíše mu porozumí a přijmou ho. To je milosrdenství.

Milosrdné srdce zjevené skrze Ježíše a Štěpána

Ježíš projevil své milosrdenství Ježíši Iškariotskému, který ho prodal. Ježíš od začátku věděl, že ho Jidáš zradí. Nezavrhnul ho však, ani si od něj neudržoval odstup. Neměl ho nerad ani ho neměl v nenávisti. Ježíš ho miloval až do samého konce a dal Jidášovi šanci navrátit se zpět. Takové srdce je milosrdné srdce.

I když byl Ježíš přibitý na kříž, na nikoho si nestěžoval ani neměl nikoho v nenávisti. Raději se v modlitbách přimlouval za ty, kdo mu způsobili bolest a zranění, jak je zaznamenáno v Lukášovi 23:34, kde čteme: „*Otče, odpusť jim, vždyť nevědí, co činí.*"

Štěpán byl rovněž takto milosrdný. Ačkoliv nebyl apoštol, byl plný milosti a moci. Zlí lidé mu záviděli a nakonec ho ukamenovali k smrti. Avšak zatímco ho kamenovali, raději se modlil za ty, kteří ho zabíjeli. Ve Skutcích 7:60 je zaznamenáno: „*Pak klesl na kolena a zvolal mocným hlasem: ‚Pane, odpusť jim tento hřích!' To řekl a zemřel.*"
Skutečnost, že se Štěpán modlil za ty, kdo ho zabíjeli, dokazuje, že jim již odpustil. Nechoval vůči nim žádnou nenávist. To ukazuje na to, že nesl dokonalé ovoce milosrdenství, takže mohl mít slitování s takovými lidmi.

Pokud je mezi vašimi rodinnými příslušníky nebo bratry ve víře či kolegy v práci někdo, koho nenávidíte nebo ho nemáte rádi, nebo je tu někdo, o kom si myslíte: ‚Jeho přístup se mi nelíbí. Vždycky mi odporuje, nemám ho rád' nebo pokud jen někoho nemáte rádi a straníte se toho člověka z různých důvodů, jak vzdálené je to od ‚milosrdenství'?
Neměl by být nikdo, koho nemáme rádi nebo koho nenávidíme. Měli bychom být schopni porozumět, přijímat a projevovat dobro každému. Bůh Otec nám ukazuje krásu milosrdenství v podobě drahokamu chrysolitu.

Milosrdné srdce, které všechno přijímá

Jaký je tedy rozdíl mezi láskou a milosrdenstvím? Duchovní láska znamená obětovat se, aniž byste usilovali o své vlastní zájmy nebo o svůj vlastní prospěch a nechtít nic na oplátku, zatímco milosrdenství klade větší váhu na odpuštění a toleranci. Jinými slovy, milosrdenství je srdce, které rozumí a necítí nenávist ani k těm, které nedokáže pochopit ani milovat. Milosrdenství necítí k nikomu nenávist ani nikým nepohrdá, ale posiluje a utěšuje druhé. Jestliže máte takovéto vřelé srdce, nebudete poukazovat na omyly a chyby druhých, ale namísto toho je přijmete, takže s nimi budete mít dobré vztahy.

Jak tedy máme jednat se špatnými lidmi? Musíme pamatovat na to, že jsme kdysi byli všichni špatní, ale přišli jsme k Bohu, protože nás někdo jiný v lásce a odpuštění dovedl k pravdě.

Rovněž, když přijdeme do styku se lháři, často zapomínáme, že jsme kdysi, než jsme uvěřili v Boha, také lhali ve snaze získat svůj vlastní prospěch. Místo toho, abychom se takovým lidem vyhýbali, měli bychom projevit své milosrdenství, aby se tito lidé mohli odvrátit od své zlé cesty. Pouze, když jim porozumíme a vedeme je s tolerancí a láskou, mohou se proměnit a přijít k pravdě, až si ji uvědomí. Stejně tak milosrdenství znamená zacházet s každým stejně bez jakýchkoliv předsudků, nikoho neurážet, a snažit se všechno pochopit v dobrém, ať se vám to líbí nebo ne.

8. Beryl: trpělivost

Beryl, osmý základ hradeb nového Jeruzaléma, má modrou nebo tmavě zelenou barvu a připomíná nám modré moře. Co beryl symbolizuje v duchovním slova smyslu? Symbolizuje trpělivost ve všem, co se týče uskutečňování Božího království a spravedlnosti. Beryl znamená vytrvalost v lásce, dokonce i k těm, kdo vás pronásledují, proklínají a nenávidí, a necítit k takovým lidem nenávist, nevést s nimi spory ani proti nim nebojovat.

Jakubův list 5:10 nás nabádá následovně: „*Za příklad trpělivosti v utrpení si, bratří, vezměte proroky, kteří mluvili ve jménu Páně.*" Když máme s ostatními trpělivost, můžeme je změnit.

Trpělivost jako ovoce Ducha svatého a duchovní lásky

O trpělivosti můžeme číst jako o jednom z devíti druhů ovoce Ducha svatého v Galatským 5 a jako o ovoci lásky v 1 Korintským 13. Existuje mezi trpělivostí jako druhem ovoce Ducha svatého a trpělivostí jako ovocem lásky rozdíl?

Na jednu stranu, trpělivost v lásce se vztahuje na trpělivost snášet jakýkoliv druh osobního sporu jako např. mít trpělivost s těmi, kdo vás urážejí nebo mít trpělivost s všemožnými obtížemi, na které v životě narazíte. Na druhou stranu, trpělivost jako ovoce Ducha svatého se týká trpělivosti v pravdě a trpělivosti před Bohem ve *všem*.

Proto má trpělivost jako ovoce Ducha svatého širší význam včetně trpělivosti v osobních záležitostech a věcech vztahujících se k Božímu království a spravedlnosti.

Různé druhy trpělivosti v pravdě

Trpělivost v dosahování Božího království a spravedlnosti může být rozdělena do tří kategorií.

Za prvé, existuje trpělivost mezi Bohem a námi. Musíme být trpěliví, dokud se Boží příslib nenaplní. Bůh Otec je trpělivý, jakmile něco řekne, s jistotou to udělá, aniž by to zrušil. Tudíž pokud jsme přijali Boží zaslíbení, musíme být trpěliví, dokud se naplní.

Rovněž, pokud Boha o něco požádáme, musíme být trpěliví, dokud nepřijde odpověď. Někteří věřící říkají něco takového: „Modlím se celou noc a dokonce se i postím, stále však nemám žádnou odpověď." Je to jako kdyby farmář, který zaseje, brzy zryl zemi, protože hned nevyrostlo ovoce. Když zasejeme semínko, musíme být trpěliví, dokud nevyklíčí, nevyroste, nevykvete a nenese ovoce.

Farmář vytrhává plevel a chrání úrodu před škodlivým hmyzem. Dělá spoustu práce, aby získal dobré ovoce, a hodně se při tom zapotí. Stejně tak, abychom získali odpověď na to, za co se modlíme, jsou věci, které se musejí udělat. Musíme naplnit správnou míru podle míry sedmera duchů – víra, radost, modlitba, díky, usilovná věrnost, dodržování přikázání a láska.

Bůh nám odpovídá neprodleně jen tehdy, pokud naplníme požadované množství podle míry své víry. Musíme chápat, že čas trpělivosti s Bohem je čas, kdy dostaneme dokonalejší odpověď a umožní nám se ještě více radovat a vzdávat díky.

Za druhé zde máme trpělivost mezi lidmi. Trpělivost

duchovní lásky patří k tomuto druhu trpělivosti. Abychom milovali jakéhokoli člověka ve všemožných lidských vztazích, potřebujeme k tomu trpělivost.

Potřebujeme trpělivost věřit v jakéhokoli člověka, vydržet s ním a doufat, že se mu bude dařit. Třebaže dělá něco, co je v protikladu toho, co jsme čekali, musíme být ve všech věcech trpěliví. Musíme rozumět, přijímat, odpouštět, ustupovat a být trpěliví.

Ti, kdo se snaží evangelizovat mnoho lidí, pravděpodobně zakusí proklínání a pronásledování. Pokud však mají trpělivost v srdci, navštíví tyto duše znovu s úsměvem na tváři. S láskou, která chce zachránit tyto duše, se radují, vzdávají díky a nikdy se nevzdávají. Když projeví takovou trpělivost s dobrotou a láskou k člověku, který je evangelizován, tma od něj kvůli tomu světlu odejde a ten člověk bude moci otevřít své srdce, přijmout to a získat spasení.

Za třetí zde máme trpělivost změnit něčí srdce.

Změnit své srdce znamená vytrhnout nepravdy a zlo ze svého srdce a namísto toho zasadit pravdu a dobrotu. Změnit naše srdce se podobá vyčištění pole. Musíme odstranit kameny a vytáhnout plevel. Občas musíme zorat půdu. Potom se může stát dobrou zemí a cokoliv zasejeme, vyroste a ponese ovoce.

S lidským srdcem je to stejné. Do té míry, do jaké nalézáme zlo ve svém srdci a zbavujeme se ho, můžeme mít ve svém srdci dobrou zemi. Když se potom zaseje Boží slovo, může vyklíčit, dobře růst a nést ovoce. A stejně jako se musíme zapotit a tvrdě pracovat, abychom vyčistili zemi, musíme udělat to samé, když měníme své srdce. Musíme naléhavě volat v modlitbách ze všech svých sil a z celého svého srdce. Potom můžeme obdržet moc Ducha svatého k tomu, abychom zorali tělesné srdce, které je jako neúrodná zem. Tento proces není tak snadný, jak by si člověk mohl myslet. To je důvod, proč se někteří lidé mohou cítit nepříjemně, sklíčeně nebo upadnout v zoufalství. Proto potřebujeme trpělivost. I když se zdá, že se velmi pomalu měníme, neměli bychom být nikdy zklamáni nebo to vzdát.

Měli bychom pamatovat na lásku Pána, který za nás zemřel na kříži, obdržel novou sílu a pokračoval v tříbení půdy srdce. I my bychom měli vyhledávat lásku a požehnání Boha, které nám Bůh dá, až se nám podaří vytříbit své srdce. Také bychom měli pokračovat v práci s většími díky.

Kdybychom v sobě neměli nic špatného, termín „trpělivost" by byl zbytečný. Ze stejného důvodu, kdybychom měli pouze lásku, odpuštění a porozumění, nezbyl by zde prostor pro „trpělivost." A tak Bůh chce, abychom měli takovou trpělivost, ve které není slovo „trpělivost" nutné. Ve skutečnosti Bůh, který je sám dobrota a láska, nemusí být trpělivý. Avšak říká nám, že je s námi „trpělivý", aby nám pomohl pochopit pojetí „trpělivosti." Musíme si uvědomit, že čím více je atributů, se kterými musíme mít za určitých okolností trpělivost, tím více zla máme v Božích očích ve svém vlastním srdci.

Jestliže neexistuje nic, s čím bychom museli mít trpělivost potom, co dosáhneme dokonalého ovoce trpělivosti, budeme vždy šťastní, uslyšíme pouze dobré zprávy odtud i odjinud a budeme se ve svém srdci cítit lehcí, jako kdybychom kráčeli v oblacích.

9. Topaz: duchovní dobrota

Topaz, devátý základ hradeb nového Jeruzaléma, je kámen průhledné, míchané a načervenale oranžové barvy. Duchovní srdce, které topaz symbolizuje, je duchovní dobrota. Dobrota znamená být laskavý, nápomocný a čestný. Duchovní význam dobroty však má hlubší význam.

Existuje totiž také dobrota mezi devíti druhy ovoce Ducha svatého a ta má stejný význam jako dobrota topazu. Duchovní význam dobroty znamená hledat dobrotu v rámci Ducha svatého.

Každý člověk má v sobě kritériem úsudku, díky kterému rozlišuje mezi správným a špatným nebo mezi dobrým a zlým. To nazýváme „svědomí." Koncept svědomí se s rozdílnou dobou, mezi různými zeměmi a mezi lidmi liší.

Měřítko pro změření rozsahu duchovní dobroty je tedy pouze jedno: Boží slovo, které je pravdou. Proto usilovat o dobrotu z naší perspektivy není duchovní dobrota. Usilovat o dobrotu v Božích očích je duchovní dobrota.

Matouš 12:35 říká: *„Dobrý člověk z dobrého pokladu srdce vynáší dobré."* Podobně ti, kdo v sobě mají duchovní dobrotu, přirozeně tuto dobrotu odhalí. Ať jdou kdekoliv a potkají kohokoliv, budou z nich vycházet dobrá slova a dobré skutky.

Zrovna jako ti, kdo se nastříkají parfémem, budou příjemně vonět, tak z těch, kdo v sobě mají dobrotu, bude vycházet vůně dobroty. Vydávají tedy vůni Kristovy dobroty. Proto pouhé usilování o dobrotu v srdci nelze nazývat dobrotou. Máme-li srdce, které hledá dobrotu, potom budeme přirozeně vydávat Kristovu vůni dobrými slovy a skutky. Takto bychom měli projevovat morální ctnost a milovat lidi okolo sebe. To je dobrota v pravém, duchovním smyslu.

Měřítko ke změření duchovní dobroty

Bůh sám je dobrý a dobrotu lze nalézt napříč celou Biblí, Božím slovem. V Bibli jsou také verše, které speciálně vydávají více barev topazu, tedy barev duchovní dobroty.

Nejdříve ze všeho to nalezneme ve Filipským 2:1-4, kde čteme: *„Je-li možno povzbudit v Kristu, je-li možno posílit láskou, je-li jaké společenství Ducha, je-li jaký soucit a slitování: dovršte mou radost a buďte stejné mysli, mějte stejnou lásku, buďte jedné duše, jednoho smýšlení, v ničem se nedejte ovládat ctižádostí ani ješitností, nýbrž v pokoře pokládejte jeden druhého za přednějšího než sebe."*

I když něco není správné podle našich představ a našeho charakteru, tak pokud usilujeme o dobrotu v Pánu, spojíme se s ostatními a budeme souhlasit s jejich názory. Nebudeme se o nic přít. Nebudeme mít sebemenší touhu se něčím chlubit nebo se nechat jinými vyzdvihovat. Pouze s pokorným srdcem budeme pokládat druhé za přednější sebe z hloubi svého srdce. Budeme dělat svou práci věrně a velmi zodpovědným způsobem. Budeme dokonce schopni pomáhat druhým s jejich prací.

Z podobenství o milosrdném Samařanovi v Lukášovi 10:25-37 můžeme snadno zjistit, jaký člověk má dobrotu ve svém srdci:

Jeden člověk šel z Jeruzaléma do Jericha a padl do

rukou lupičů; ti jej obrali, zbili a nechali tam ležet polomrtvého. Náhodou šel tou cestou kněz, ale když ho uviděl, vyhnul se mu. A stejně se mu vyhnul i levita, když přišel k tomu místu a uviděl ho. Ale když jeden Samařan na své cestě přišel k tomu místu a uviděl ho, byl hnut soucitem; přistoupil k němu, ošetřil jeho rány olejem a vínem, obvázal mu je, posadil jej na svého mezka, zavezl do hostince a tam se o něj staral. Druhého dne dal hostinskému dva denáry a řekl: „Postarej se o něj, a bude-li tě to stát víc, já ti to zaplatím, až se budu vracet." Kdo z těch tří, myslíš, byl bližním tomu, který upadl mezi lupiče? (Lukáš 10:30-36)

Kdo je mezi knězem, levitou a Samařanem opravdový bližní a člověk lásky? Samařan byl opravdovým bližním člověka, který byl oloupen, protože měl ve svém srdci tolik dobroty, aby si vybral správnou cestu, třebaže byl pokládán za pohana.

Tento Samařan možná dokonale neznal Boží slovo. Můžeme však vidět, že měl srdce, které následovalo dobrotu. To znamená, že měl duchovní dobrotu, která následovala dobrotu v Božích očích. Ačkoliv musíme vynaložit svůj vlastní čas a peníze, musíme si zvolit dobrotu v Božích očích. To je duchovní dobrota.

Ježíšova dobrota

Další biblický verš, který vydává jasněji světlo dobroty, je Matouš 12:19-20. Zabývá se dobrotou Ježíše. Čteme zde:

Nebude se přít ani rozkřikovat, na ulicích nikdo

neuslyší jeho hlas. Nalomenou třtinu nedolomí a doutnající knot neuhasí, až dovede právo k vítězství.

Fráze „až dovede právo k vítězství" zdůrazňuje, že Ježíš jednal v celém procesu ukřižování a vzkříšení pouze s dobrým srdcem a dal nám svou milostí spasení vítězství.

Vzhledem k tomu, že Ježíš v sobě měl duchovní dobrotu, nikdy nikoho neurazil ani se s nikým nepřel. Všechno přijal s moudrostí duchovní dobroty a se slovy pravdy, i když se setkával s krutostí a zdánlivě nepřijatelnými situacemi. Kromě toho se Ježíš ani nepostavil těm, kteří se pokoušeli ho zabít, ani se nepokoušel vysvětlovat a dokazovat svou nevinu. Nechal všechno na Bohu a vykonal všechno s moudrostí a pravdou v duchovní dobrotě.

Duchovní dobrota je srdce, které „nalomenou třtinu nedolomí a doutnající knot neuhasí." Tato definice zastupuje odkazující body na dobrotu.

Ti, kdo v sobě mají dobrotu, se nerozkřikují ani se s nikým nepřou. Také projevují svou dobrotu svým zevnějškem. Jak je zaznamenáno: „Na ulicích nikdo neuslyší jeho hlas," tak ti, kdo v sobě mají dobrotu, budou navenek vyzařovat dobrotu a pokoru. Jak nevinné a dokonalé musely být Ježíšovy zvyky v jeho způsobu chození, v gestech a v jazyce! Přísloví 22:11 říká: *„Kdo miluje čistotu srdce a má ušlechtilé rty, tomu bude přítelem i král."*

Za prvé, ,nalomená třtina' představuje ty, kdo trpěli mnoha věcmi tohoto světa a mají zraněné srdce. I když svým žalostným srdcem hledají Boha, Bůh je nikdy neopustí, ale přijme je. Toto Boží srdce a toto Ježíšovo srdce jsou samotné vrcholy dobroty.

Dále je to stejné se srdcem, které doutnající knot neuhasí.

Jestliže knot doutná, znamená to, že oheň skomírá, ale stále zde zbývá dříví na podpal. V tomto smyslu je ‚doutnající knot' člověk, který je tak pošpiněný zlem, že světlo jeho ducha ‚doutná'. I s takovým člověkem, byť má jen tu nejnepatrnější možnost získat spasení, bychom to neměli vzdát. To je dobrota. Náš Pán to nevzdává ani s těmi lidmi, kteří žijí v hříchu a stojí proti Bohu. Stále klepe na dveře jejich srdce, aby jim umožnil získat spasení. Toto srdce našeho Pána je dobrota.

Jsou lidé, kteří jsou ve víře jako nalomená třtina a doutnající knot. Když upadají do pokušení kvůli své slabé víře, nemají sílu se znovu sami vrátit do církve. Možná kvůli některým tělesným věcem, kterých se ještě nezbavili, mohou způsobit škodu jiným členům církve. Protože je jim to líto a stydí se za to, necítí se na to, aby se vrátili do církve.

Takže k nim musíme zajít jako první. Musíme k nim natáhnout ruce a chytnout je za ty jejich. To je dobrota. Také jsou lidé, kteří byli první ve víře, ale později zůstávají pozadu v duchu. Někteří z nich se také začali podobat ‚doutnajícímu knotu'.

Chtějí, aby je druzí milovali a uznávali, ale to se neděje. Tak mají zlomené srdce a zlo v nich vychází najevo. Mohou žárlit na druhé, kteří kráčí vpřed v duchu a mohou je dokonce i pomlouvat. To se podobá doutnajícímu knotu, který vydává dým a kouř.

Máme-li v sobě opravdovou dobrotu, dokážeme těmto lidem porozumět a přijmout je. Pokud se snažíme diskutovat o tom, co je správné a co je špatné a nutíme druhé lidi se podřídit, nejde o dobrotu. Musíme se o ně dobře starat s pravdivostí a láskou, a to i o ty, kteří projevují zlo. Musíme se snažit o to, aby jejich srdce roztálo a pohnuli jsme s ním. Když takto činíme, jednáme v dobrotě.

10. Chrysopras: sebeovládání

Chrysopras, desátý základ hradeb nového Jeruzaléma, je nejdražším kamenem mezi chalcedony. Je poloprůhledné tmavě zelené barvy a korejské ženy jej za starých časů považovaly za jeden z nejvzácnějších drahých kamenů. Pro ně symbolizoval cudnost a čistotu ženy.

Co chrysopras symbolizuje v duchovním slova smyslu? Znamená sebeovládání. Je dobré mít v Bohu hojnost ve všem, ale musí zde být přítomné sebeovládání učinit všechno krásným. Sebeovládání je rovněž jedním z devíti druhů ovoce Ducha svatého.

Sebeovládání k dosažení dokonalosti

List Titovi 1:7-9 vypočítává předpoklady, které by měl mít správce Božího domu a mezi jeden z předpokladů patří sebeovládání. Pokud se člověk, který postrádá sebeovládání, stane starším, čeho bude schopen dosáhnout ve svém neřízeném životě?

V čemkoliv, co děláme pro Pána nebo v Pánu, bychom měli rozpoznávat pravdu od nepravdy a sebeovládáním následovat vůli Ducha svatého. Jestliže dokážeme slyšet hlas Ducha svatého, bude se nám ve všem dařit, protože máme sebeovládání. Nicméně pokud nemáme sebeovládání, věci se mohou ubírat špatným směrem a my se můžeme setkávat i s nehodami, jak s přírodními, tak s člověkem způsobenými katastrofami, nemocemi a podobně.

Stejně tak je velmi důležité ovoce sebeovládání a je nutností pro dosažení dokonalosti. Do té míry, do jaké neseme ovoce lásky, můžeme nést ovoce radosti, pokoje, trpělivosti, laskavosti, dobroty, věrnosti a tichosti a toto ovoce bude úplné jen s ovocem sebeovládání.

Sebeovládání lze přirovnat k řitnímu otvoru v našem těle. Ačkoliv je malý, hraje v našem těle velmi důležitou roli. Co kdyby ztratil schopnost se smršťovat? Exkrementy bychom neměli pod kontrolou a všichni bychom byli špinaví a také bychom velmi zapáchali.

Stejně tak, jestliže ztratíme své sebeovládání, může se všechno zkomplikovat. Lidé pak žijí v nepravdě, protože se nedokážou duchovně ovládat. Kvůli tomu čelí zkouškám a Bůh je nemůže milovat. Jestliže se nedokážeme ovládat fyzicky, budeme dělat bezbožné a nezákonné věci, protože budeme příliš jíst a opíjet se a naše životy budou postrádat jakýkoliv řád.

Jan Křtitel

Dobrým příkladem sebeovládání mezi biblickými postavami je Jan Křtitel.

Jan Křtitel jasně věděl, proč přišel na tuto zemi. Věděl, že musí připravit cestu Ježíši, který je pravým světlem. A tak, dokud nenaplnil tuto povinnost, žil svůj život zcela v ústraní tohoto světa. Zatímco žil v pustině, vyzbrojil se modlitbou a samotným Slovem. Jedl pouze kobylky a med divokých včel. Žil velmi izolovaným způsobem života s přísným sebeovládáním. Takovýmto způsobem života připravil cestu Pánu a zcela naplnil svou povinnost.

V Matoušovi 11:11 o něm Ježíš řekl: *„Amen, pravím vám, mezi těmi, kdo se narodili z ženy, nevystoupil nikdo větší, než*

Jan Křtitel; avšak i ten nejmenší v království nebeském je větší nežli on!"

Pokud si někdo myslí: ‚Ach tak, nyní půjdu hluboko do hor nebo na nějaké odlehlé místo a budu žít život v sebeovládání!' dokazuje to, že nemá žádné sebeovládání a interpretuje si Boží slovo svým vlastním způsobem a myslí si příliš mnoho.
Je důležité ovládat své srdce v Duchu svatém. Pokud jste ještě nedosáhli úrovně ducha, musíte ovládat své tělesné touhy a následovat pouze touhy Ducha svatého. Také, i potom, co jste dosáhli ducha, musíte ovládat sílu nebo rozsah každého z duchovních srdcí, abyste měli dokonalou harmonii jako celek. Toto sebeovládání se projevuje světlem chrysoprasu.

11. Hyacint: čistota a svatost

Hyacint, jedenáctý základ hradeb nového Jeruzaléma, je vzácný kámen průhledné, namodralé barvy a v duchovním slova smyslu symbolizuje čistotu a svatost.

„Čistota" se zde vztahuje na stav bez hříchu a bez jakékoliv poskvrny a špíny. Když se člověk několikrát za den osprchuje nebo vykoupe, učeše si vlasy a čistě se oblékne, lidé řeknou, že je čistý a upravený. Řekne i Bůh, že je čistý? Kdo je tedy člověk s čistým srdcem a jak můžeme čistého srdce dosáhnout?

Čisté srdce v Božích očích

Farizeové a zákoníci si umývali ruce před jídlem, čímž

následovali tradice starších. A když tak neučinili Ježíšovi učedníci, položili Ježíšovi otázku, aby ho obvinili. Matouš 15:2 říká: *„Proč tvoji učedníci porušují tradici otců? Vždyť si před jídlem neomývají ruce!"* Ježíš je učil, co je opravdová čistota. V Matoušovi 15:19-20 řekl: *„Neboť ze srdce vycházejí špatné myšlenky, vraždy, cizoložství, smilství, loupeže, křivá svědectví, urážky. To jsou věci, které člověka znesvěcují; ale jíst neomytýma rukama člověka neznesvěcuje."* Čistota v Božích očích je nemít žádný hřích v srdci. Čistota je, když máme srdce, které je čisté bez viny, poskvrny nebo špíny. Ruce a tělo si můžeme umýt vodou, jak ale očistíme své srdce? Můžeme ho rovněž omýt vodou. Můžeme ho očistit duchovní vodou, kterou je Boží slovo. Židům 10:22 říká: *„Přistupujme před Boha s opravdovým srdcem a v plné jistotě víry, se srdcem očištěným od zlého svědomí a s tělem obmytým čistou vodou."* Čisté a pravdivé srdce můžeme mít do té míry, do jaké jednáme podle Božího slova.

Když uposlechneme Bibli a zavrhneme a nebudeme dělat, co nám Bible říká, abychom zavrhovali a nedělali, budou z našeho srdce smyty nepravda a zlo. A když uposlechneme Bibli a budeme dělat a dodržovat, co nám Bible říká, abychom dělali a dodržovali, vyhneme se tomu, abychom byli znovu potřísněni hříchy a zlem světa díky neustálé dodávce čisté vody. Tímto způsobem můžeme uchovat své srdce čisté.

Matouš 5:8 říká: *„Blaze těm, kdo mají čisté srdce, neboť oni uzří Boha."* Bůh nám říká o požehnání, které získají ti, kdo mají čisté srdce. Spočívá v tom, že uzří Boha. Ti, kdo mají čisté srdce, uzří Boha tváří v tvář v nebeském království. Vejdou alespoň do třetího nebeského království nebo dokonce vstoupí do nového Jeruzaléma.

Avšak skutečný význam výrazu ‚uzřít Boha' nespočívá pouze v tom uvidět Boha. Znamená, že se vždy sctkáme s Bohem a získáme od něj pomoc. Znamená, že žijeme život, ve kterém kráčíme s Bohem, a to i na této zemi.

Henoch, který dosáhl čistého srdce

Pátá kapitola knihy Genesis vykresluje Henocha, který tříbil čisté srdce a chodil na zemi s Bohem. V Genesis 5:21-24 se můžeme dočíst, že Henoch chodil s Bohem tři sta let od chvíle, kdy zplodil Metúšelacha ve věku 65 let. Potom, jak je zapsáno ve 24. verši: „*I chodil Henoch s Bohem. A nebylo ho, neboť ho Bůh vzal,*" byl vzat živý do nebe.

Židům 11:5 nám říká důvod, proč mohl být vzat do nebe, aniž by spatřil smrt: „*Henoch věřil, a proto nespatřil smrt, ale Bůh ho vzal k sobě. ‚Nebyl nalezen, protože ho Bůh přijal.' Ještě než ho přijal, dostalo se Henochovi svědectví, že v něm Bůh našel zalíbení.*"

Henoch se zalíbil Bohu, protože tříbil své srdce tak, až nemělo žádný hřích, a to do té míry, že nemusel spatřit smrt. Nakonec byl vzat do nebe živý. Tehdy mu bylo 365 let, přičemž se lidé v té době běžně dožívali více než 900 let. V dnešním slova smyslu si Bůh vzal Henocha, když byl v nejčinorodějším období svého mladého života.

To proto, že Henoch byl v Božích očích překrásný. Než aby

nechal Henocha na zemi, chtěl ho mít Bůh nablízku po svém boku v nebeském království. Z toho můžeme jasně vidět, jak moc Bůh miluje ty, kdo mají čisté srdce, a jak moc se z nich raduje.

Ale ani Henoch se nestal posvěceným přes noc. Také on procházel rozličnými zkouškami až do věku svých 65 let. V Genesis 5:19 vidíme, že po zplození Henocha žil Jered, Henochův otec, osm set let a zplodil syny a dcery, z čehož můžeme usoudit, že Henoch měl mnoho bratrů a sester.

Když jsem byl hluboce ponořen v modlitbách, Bůh mi dal vědět, že Henoch nikdy neměl se svými bratry a sestrami vůbec žádné problémy. Nikdy nechtěl mít více než jeho bratři, vždycky jim ustupoval. Nikdy nechtěl být uznáván více než jeho bratři a sestry a vždycky dělal to nejlepší, co mohl. Třebaže byli jiní bratři více milováni než on, necítil žádný nepokoj, což znamená, že ani v nejmenším nežárlil.

Henoch byl také vždy poslušný člověk. Nejenom, že naslouchal Božímu slovu, ale také poslouchal své rodiče. Nikdy netrval na svých vlastních názorech. Neměl v sobě žádné sebestředné touhy a nebral si nic osobně. S každým žil v pokoji.

Henoch tříbil své srdce, aby bylo čisté, proto mohl uzřít Boha. Když bylo Henochovi 65 let, dosáhl takové úrovně, že se zalíbil Bohu a mohl nyní chodit s Bohem.

Je tu ale důležitější důvod, proč mohl chodit s Bohem. To proto, že miloval Boha a velmi si užíval komunikaci s Bohem. Samozřejmě, že neupíral své oči na věci tohoto světa a miloval Boha více než cokoliv na tomto světě.

Henoch miloval své rodiče a poslouchal je, mezi ním a všemi jeho sourozenci byly pokoj a láska, avšak byl to Bůh, kterého miloval nejvíce. Více si užíval chvíle, kdy byl sám a chválil Boha, než když pobýval se svými rodinnými příslušníky. Postrádal Boha, když sledoval oblohu a přírodu, a těšil se ze společenství, které s Bohem měl.

Bylo tak stálé, než s ním Bůh začal chodit a od chvíle, kdy s ním Bůh začal chodit, bylo ještě ustálenější. Jak je zaznamenáno v Příslovích 8:17, kde se říká: *„Já miluji ty, kdo milují mne, a kdo mě za úsvitu hledají, naleznou mne,"* Henoch miloval Boha a velmi ho postrádal, a Bůh s ním také chodil.

Čím více milujeme Boha, tím čistší budeme mít srdce, a čím čistší budeme mít srdce, tím více budeme milovat Boha a hledat ho. Mluvit s těmi, kdo mají čisté srdce, a být s nimi v kontaktu, je uklidňující. Jednoduše přijímají všechno s čistotou a věří druhým.

Kdo se bude cítit zle a mračit se při pohledu na zářivý úsměv miminka? Většina lidí se při pohledu na miminko cítí dobře a také se usměje. To proto, že čistota miminka přejde na lidi a osvěží jejich srdce.

Bůh Otec se cítí stejně při pohledu na člověka s čistým srdcem. A tak chce vidět takového člověka více a chce být s ním.

12. Ametyst: krása a pokora

Dvanáctý a poslední základ hradeb nového Jeruzaléma je ametyst. Ametys má světle fialovou barvu a je průhledný. Ametys má tak elegantní a překrásnou barvu, že ho měli rádi šlechtici už od pradávna.

Bůh také pokládá duchovní srdce symbolizované ametystem za krásné. Duchovní srdce, které ametyst symbolizuje, je tichost. Tuto tichost nalezneme v kapitole o lásce, v blahoslavenství, a dokonce i v kapitole o devíti druzích ovoce Ducha svatého. Jde o ovoce, které nepochybně nese člověk, který dal život duchu skrze Ducha svatého a žije podle Božího slova.

Tiché srdce Bůh pokládá za krásné

Slovník definuje tichost jako laskavou, mírnou a pokornou povahu, [a] schopnost vyzařovat klid. Ale tichost, kterou Bůh pokládá za krásnou, není jen o těchto vlastnostech.

Ti, kdo mají tichou povahu ve svém těle, se cítí poněkud nepříjemně mezi lidmi, kteří tiší nejsou. Když vidí někoho, kdo je velmi společenský nebo má velmi průbojnou povahu, začnou být velmi obezřetní a budou vnímat, že je obtížné jednat s takovým člověkem. Ale člověk, který je duchovně tichý, dokáže přijmout jakéhokoli člověka s jakoukoli povahou. To je jeden z rozdílů mezi tělesnou tichostí a duchovní tichostí.

Co je tedy duchovní tichost a proč ji Bůh pokládá za krásnou?

Být duchovně tichý znamená mít mírnou a vřelou povahu společně se širokým srdcem, které každého přijímá. Je to někdo, kdo má srdce, které je měkké a příjemné jako vata, takže u něho může mnoho lidí najít pokoj. Také je to někdo, kdo všemu dokáže porozumět s dobrotou a přijmout všechno v lásce.

A je tu ještě jedna věc, kterou nelze u duchovní tichosti

vynechat. Je to ryzí charakter ve vztahu s širokým srdcem. Máme-li velmi vřelé a měkké srdce pouze, co se týče nás samotných, neznamená to opravdu nic. Když je to čas od času nezbytné, měli bychom být schopni povzbudit druhé a poradit jim, projevit skutky dobroty a lásky. Projevit ryzí charakter znamená posílit druhé, nechat je vnímat vřelost a najít odpočinek v našem srdci.

Duchovně tichý člověk

Ti, kdo mají opravdovou duchovní tichost, nemají o nikom žádné předsudky. Nemají žádné problémy a s nikým nevycházejí špatně. Druhá osoba rovněž vnímá toto vřelé srdce, takže si může odpočinout a nalézt pokoj mysli, protože vnímá, že je velmi vřele přijímána. Tato duchovní tichost je jako mohutný strom, který poskytuje veliký a chladivý stín v horkém letním dni.

Pokud manžel přijímá všechny členy své rodiny s širokým srdcem, manželka ho bude mít v úctě a bude ho milovat. Pokud má i manželka srdce, které je měkké jako vata, může svému manželovi poskytnout útěchu a pokoj, takže mohou být velmi šťastným párem. Také děti, které vyrůstají v takové rodině, nesejdou na scestí, třebaže mohou čelit těžkostem. Protože mohou být posíleny v tichosti rodiny, mohou překonat obtíže a vyrůst s přímostí a v dobrém zdraví.

Podobně prostřednictvím těch, kteří tříbili duchovní tichost, mohou lidé okolo nich nalézt odpočinek a cítit se šťastně. Potom Bůh Otec také řekne, že ti, kdo jsou duchovně tiší, jsou opravdu krásní.

Na tomto světě se lidé nejrůznějšími způsoby snaží, aby

získali srdce druhých. Mohou druhým obstarávat materiální věci nebo k tomu využívat své společenské postavení či slávu. Těmito tělesnými způsoby však nemůžeme opravdově získat srdce druhých. Mohou nám na chvíli pomoci kvůli svým potřebám, ale protože se opravdově nepodvolují ze srdce, tak až se situace změní, rozmyslí si to.

Lidé se však přirozeně shromažďují okolo člověka, který v sobě má duchovní tichost. Podvolují se ze srdce a touží zůstávat s ním. To proto, že skrze člověka, který v sobě má duchovní tichost, mohou být posíleni a pocítit útěchu, kterou nemohou pocítit na tomto světě. Takže mnoho lidí zůstane s člověkem, který v sobě má duchovní tichost, a ta se stává duchovní autoritou.

Matouš 5:5 mluví o tomto požehnání v podobě získání mnoha duší slovy o tom, že dostanou zemi za dědictví. To znamená, že získají srdce lidí, kteří byli vytvořeni ze země. V důsledku toho také obdrží obrovský kus půdy ve věčném nebeském království. Protože přijali mnoho duší a vedli je k pravdě, obdrží velikou odměnu.

To je důvod, proč Bůh řekl o Mojžíši v Numeri 12:3 toto: *„Mojžíš však byl nejpokornější ze všech lidí, kteří byli na zemi."* Mojžíš vedl exodus. Byl v čele více než 2 miliónů lidí a vedl je po dobu 40ti let v poušti. Zrovna jako rodiče vychovávají své děti, on je přijal do svého srdce a vedl je podle Boží vůle.

I když se děti dopustí vážných hříchů, rodiče je jen tak neopustí. Stejně tak Mojžíš poskytl útočiště i těm lidem, kterým nemohlo být pomoci, než aby byli podle zákona opuštěni, vedl je až do samého konce a prosil Boha, aby jim odpustil.

Pokud máte třeba jen malou povinnost v církvi, pochopíte, jak dobrá tato tichost je. Nejenom při povinnostech, kdy se staráte o duše, ale při jakékoli povinnosti, kterou děláte s tichostí, nebudete mít žádný problém. Neexistují žádní dva lidé, kteří mají stejné srdce a stejné myšlenky. Každý člověk byl vychováván za jiných okolností a má jiné vlastnosti. Jejich myšlenky a názory se nemusejí shodovat. Avšak ten, kdo je tichý, dokáže přijímat druhé se širokým srdcem. Tichost vyprázdnit se a přijmout druhé krásně vyniká v situaci, kdy každý trvá na tom, že má pravdu.

Dozvěděli jsme se o všech duchovních srdcích symbolizovaných každým z dvanácti základních kamenů městských hradeb nového Jeruzaléma. Jsou to srdce víry, přímosti, obětavosti, spravedlnosti, věrnosti, vášně, milosrdenství, trpělivosti, dobroty, sebeovládání, čistoty a tichosti. Když posílíme všechny tyto vlastnosti, stane se naše srdce srdcem Ježíše Krista a Boha Otce. Jednou větou jde o ‚dokonalou lásku'.

Ti, kdo tříbili tuto dokonalou lásku dobrou a vyváženou kombinací každé vlastnosti dvanácti drahokamů, mohou statečně vstoupit do města nového Jeruzaléma. Také jejich domy v novém Jeruzalémě budou zdobeny dvanácti různými drahokamy.

Z toho důvodu je vnitřek nového Jeruzaléma tak překrásný a okouzlující, že se to nedá ani slovy vyjádřit. Domy, budovy a veškeré vybavení jako parky jsou zdobeny nejkrásnějším možným způsobem.

Co však Bůh pokládá za nejkrásnější, jsou lidé, kteří přicházejí do města. Ti budou vydávat oslnivější světlo než je světlo vycházející ze všech dvanácti drahokamů. Budou také z hloubi svého srdce vydávat silnou vůni lásky směrem k Otci. To poskytne Bohu Otci útěchu za všechny věci, které do té doby udělal.

Kapitola 6

Dvanáct perlových bran a zlaté náměstí

1. Dvanáct perlových bran
2. Náměstí z ryzího zlata

A dvanáct bran je z dvanácti perel, každá z jediné perly. A náměstí toho města je z ryzího zlata jako z průzračného křišťálu.

- Zjevení 21:21 -

Nový Jeruzalém má dvanáct bran, z nichž tři směřují na sever, tři na jih, tři na východ a tři na západ jeho hradeb, přičemž každou bránu střeží obrovský anděl. Velkolepost a moc nového Jeruzaléma jsou zřejmé již na první pohled. Každá brána je obloukovitá a je tak ohromná, že se musíte dívat vysoko vzhůru. Každá brána je z jediné gigantické perly. Otvírá se na obě strany a má rukojeť učiněnou ze zlata a jiných drahých kamenů. Brána se otvírá automaticky bez toho, aby ji někdo musel otvírat rukama.

Bůh pro své milované děti vytvořil dvanáct bran z nádherných perel a náměstí z ryzího zlata. O co krásnější a úžasnější budou stavby ve městě?

Předtím, než se ponoříme do prohlídky staveb a míst v novém Jeruzalémě, pojďme nejprve přemýšlet nad důvody, proč Bůh učinil brány nového Jeruzaléma z perel a jaká jiná náměstí kromě těch zlatých se zde nacházejí.

1. Dvanáct perlových bran

Ve Zjevení 21:21 čteme: *„A dvanáct bran je z dvanácti perel, každá z jediné perly. A náměstí toho města je z ryzího zlata jako z průzračného křišťálu."* Proč je tedy dvanáct bran vytvořených z perel, když je v novém Jeruzalémě mnoho jiných drahých kamenů? Někdo může podotknout, že by bylo lepší ozdobit každou bránu jiným drahokamem, neboť je zde dvanáct bran, ale Bůh zkrášlil každou z dvanácti bran pouze jedinou perlou.

To proto, že tento projekt v sobě obsahuje Boží prozíravost a duchovní význam. Na rozdíl od ostatních drahokamů mají totiž perly poněkud odlišnou hodnotu a jsou tudíž pokládány za vzácnější, protože byly vytvořeny po bolestivém procesu.

Proč je dvanáct bran učiněno z perel?

Jak se zrodí perla? Perla je jedním ze dvou organických drahokamů moře, druhým je korál. Mnoho lidí ji zbožňuje, neboť vydává překrásný lesk, aniž by se musela jakkoliv leštit.

Perlu utváří vnitřní povlak mušle ústřice. Je to hrudka abnormálně lesklého výtoku skládajícího se zejména z uhličitanu vápenatého, která má tvar polokoule nebo koule. Když se do měkkého těla mušle dostane cizí látka, mušle trpí velikou bolestí podobnou tomu, jako by ji probodávaly stovky jehel. Mušle s cizí látkou bojuje a snáší přitom strašnou bolest. Když výtok mušle zcela pokryje cizí látku, vytvoří se perla.

Na světě existují dva druhy perel: přírodní perly a vypěstované perly. Lidé totiž přišli na princip pěstování perel. Pěstují mnoho mušlí, přičemž do nich vloží umělé látky, aby začaly vyrábět perly. Tyto perly vypadají zdánlivě přirozeně, ale jsou relativně levnější, protože mají slabší perlové vrstvy.

Zrovna jako mušle vytvoří překrásnou perlu tím, že snáší velikou bolest z přítomnosti cizí látky, existuje také proces vytrvalosti pro Boží děti, které usilují o to znovu získat ztracený Boží obraz. Mohou z něj vyjít s vírou podobnou ryzímu zlatu, se kterou mohou vstoupit do nového Jeruzaléma až potom, co snášely utrpení a žal, když žily na této zemi.

Pokud chceme získat vítězství v zápase víry a projít branami města nového Jeruzaléma, my všichni musíme vytvořit ve svém srdci perlu. Zrovna jako perlorodka snáší bolest a vylučuje perleť, aby vytvořila perlu, Boží děti také musejí snášet bolest, dokud naplno neobnoví Boží obraz.

Přitom, jak hřích přišel na tento svět a lidé se stávali stále více a více potřísněni hříchy, ztráceli Boží obraz. Do srdce člověka byly zasety zlo a nepravda a jejich srdce se stalo nečistým, vydávajícím smrdutý zápach. Bůh Otec projevil svou velikou lásku i k těm lidem, kteří žili s hříšným srdcem v hříšném světě.

Každý, kdo uvěří v Ježíše Krista, bude jeho krví očištěn ze svých hříchů. Avšak skutečné děti, které Bůh Otec chce, jsou takové děti, které jsou zcela zralé a dospělé. Chce ty, které se potom, co jsou omyty, znovu neušpiní. V duchovním slova smyslu to znamená, že se už nedopustí hříchu, ale zalíbí se Bohu svou dokonalou vírou.

Abychom měli tuto dokonalou víru, musíme mít nejprve opravdové srdce. Opravdové srdce budeme mít, když odstraníme všechny hříchy a zlo ze svého srdce a naplníme ho místo toho dobrotou a láskou. Čím více dobroty a lásky máme, tím více obnovujeme Boží obraz.

Bůh Otec dopouští na své děti zkoušky tříbení, takže mohou tříbit svou dobrotu a lásku. Nechává je odhalit hříchy a zlo v jejich srdcích v různých situacích. Když objevíme své hříchy a zlo, pocítíme ve svém srdci bolest. Je to, jako když ostrý element vnikne do ústřice a zabodne se do měkkého masa. Musíme ale uznat skutečnost, že trpíme bolestí, když procházíme zkouškami kvůli hříchům a zlu ve svém srdci.

Jestliže tuto skutečnost připustíme, můžeme nyní vytvořit

duchovní perlu ve svém srdci. Budeme se horlivě modlit, abychom se zbavili hříchů a zla, které jsme objevili. Potom na nás sestoupí Boží milost a síla. Také nám pomůže Duch svatý. V důsledku toho budou hříchy a zlo, které jsme objevili, odstraněny a namísto toho budeme mít duchovní srdce.

Perly jsou mimořádně vzácné, když se vezme v úvahu proces jejich výroby. Zrovna jako mušle musí trpět bolestí a vydržet, aby vyrobila perlu, my musíme překonat a strpět velikou bolest, abychom vstoupili do nového Jeruzaléma. Skrze tyto brány můžeme vstoupit pouze tehdy, když získáme vítězství v bitvě o víru. Brány tedy mají symbolizovat tuto skutečnost.

Židům 12:4 nám říká: *„Ještě jste v zápase s hříchem nemuseli prolít svou krev."* A druhá část Zjevení 2:10 nás rovněž nabádá: *„Buď věrný až na smrt, a dám ti vítězný věnec života."*

Jak nám říká Bible, do nového Jeruzaléma, nejkrásnějšího místa v nebi, můžeme vstoupit pouze tehdy, když se vzepřeme hříchu, odhodíme veškerou špatnost, jsme věrní až k smrti a splníme všechny své povinnosti.

Překonávání zkoušek víry

Abychom prošli dvanácti branami nového Jeruzaléma, musíme mít víru podobnou ryzímu zlatu. Tato víra není dána jen tak; pouze když obstojíme a překonáme zkoušky víry, budeme odměněni takovouto vírou, zrovna jako mušle musí snášet velikou bolest, dokud nevytvoří perlu. Avšak zvítězit s vírou není jednoduché, protože je zde nepřítel ďábel a satan, který se nám stůj co stůj pokouší zabránit víru získat. Kromě toho, dokud nestojíme na skále víry, můžeme cítit, že cesta do nebe je těžká a bolestná, protože musíme čelit intenzivním bitvám proti nepříteli ďáblu do té míry, do jaké máme ve svém srdci nepravdu. Nicméně, můžeme zvítězit, protože Bůh nám dává svou milost a sílu a Duch svatý nám pomáhá a vede nás. Jestliže stojíme na skále víry potom, co jsme se drželi těchto kroků, budeme moci překonat všechny druhy utrpení a namísto trápení se radovat.

Buddhističtí mniši šlehají své tělo a „zotročují" je skrze meditace, aby skoncovali se všemi světskými věcmi. Někteří z nich po desetiletí praktikují askezi a když zemřou, je z jejich tělesných pozůstatků uchován předmět podobný perle. Ten se vytvořil za mnoho let vytrvalosti a sebeovládání způsobem, jakým mušle ústřice vytvářejí perly.

Kolik toho budeme muset snést a jak moc se ovládat při bolesti, jestliže se pokusíme skoncovat s tělesnými radostmi a ovládat touhy těla jedině ze svých vlastních sil? Boží děti však mohou rychle skoncovat s tělesnými radostmi díky Boží milosti a síle vprostřed díla Ducha svatého. Také můžeme s pomocí Ducha svatého překonat jakékoliv utrpení a běžet duchovní závod, protože je pro nás připravené nebe.

Proto Boží děti, které mají víru, nemusí snášet své zkoušky s bolestí, ale překonávají je s radostí a díky očekávajíce požehnání, kterého se jim brzy v hojné míře dostane.

Dvanáct perlových bran je pro vítěze ve víře

Dvanáct perlových bran slouží jako triumfální oblouky pro vítěze ve víře stejným způsobem, jakým se vítězní velitelé vraceli domů po vítězných bitvách, když pochodovali skrze pomník uctívající jejich čin.

Za starých časů, aby lidé uvítali a uctili vojáky a jejich velitele vracející se triumfálně domů, stavěli různé pomníky a stavby a pojmenovávali každé místo po hrdinovi. Vítězný generál byl poctěn a procházel vítězným obloukem nebo bránou. Vítal ho veliký zástup a jel na voze, který poslal král.

Když dorazil do sálu, kde se konala hostina uprostřed vítězného zpěvu, uvítali ho ministři, kteří seděli s králem a královnou. Velitel potom vystoupil z vozu a poklekl před králem. Král ho pozvedl a pochválil za jeho vynikající služby. Potom jedli, pili a sdíleli svou radost z vítězství. Velitel mohl být odměněn mocí, bohatstvím a poctami srovnatelnými s těmi královskými.

Jestliže je moc velitele a armády tak veliká, o co větší bude moc těch, kdo projdou dvanácti branami nového Jeruzaléma? Otec Bůh je bude milovat a utěšovat a oni zde budou pobývat navždy ve slávě, kterou nelze srovnat s tou, jaká byla prokazována veliteli nebo vojákům, kteří prošli vítězným obloukem. Když projdou dvanácti branami učiněnými výhradně z perel, bude jim připomenuta jejich cesta víry, během které zápasili a snažili se ze všech svých sil a budou z hloubi svého srdce prolévat slzy vděčnosti, které se jim pohrnou do očí.

Majestátnost dvanácti bran z perel

V nebi lidé nikdy na nic nezapomínají ani po dlouhé době, protože nebe je částí duchovního světa. Namísto toho vzpomínají na minulost.

Proto jsou ti, kdo vstoupí do nového Jeruzaléma, ohromeni, kdykoliv se podívají na dvanáct bran z perel a myslí si: ‚Překonal jsem mnoho zkoušek a nakonec dorazil do nového Jeruzaléma!'

Radují se při vzpomínce na skutečnost, že bojovali proti nepříteli ďáblu a světu a nakonec vyhráli a opustili veškerou nepravdu v sobě ukrytou. Znovu vzdávají díky Bohu Otci a pamatují na jeho lásku, která je dovedla k tomu, že překonali svět. Také vzdávají díky těm, kdo jim pomohli, než dosáhli tohoto místa.

Na tomto světě se míra vděčnosti časem zcela vytrácí nebo alespoň zmenšuje, ale vzhledem k tomu, že v nebi není neupřímnost, lidská vděčnost, radost a láska časem stále více a více rostou. A tak, kdykoliv se obyvatelé nového Jeruzaléma podívají na brány z perel, jsou vděční za Boží lásku a také jsou vděční těm, kdo jim pomohli se na toto místo dostat.

2. Náměstí z ryzího zlata

Jak lidé nostalgicky vzpomínají na své životy na zemi a procházejí majestátními obloukovitými perlovými branami, nakonec vstoupí do nového Jeruzaléma. Město je plné světla Boží slávy, vzdáleného, pokojného zvuku chval andělů a příjemné vůně květin. Jak vstupují krok za krokem do města, cítí nepopsatelnou radost a extázi.

Hradby ozdobené dvanácti drahokamy a překrásné brány z perel jsem již probral. Z čeho je tedy vytvořeno náměstí nového Jeruzaléma? Jak nám říká Zjevení 21:21: *„A náměstí toho města je z ryzího zlata jako z průzračného křišťálu,"* Bůh učinil náměstí nového Jeruzaléma pro své děti, které vstoupí do města, z ryzího zlata.

Ježíš Kristus: cesta

Na tomto světě existuje mnoho druhů cest od tichých stezek po železniční tratě, od úzkých uliček po dálnice. V závislosti na vzdálenosti a potřebách lidé používají různé cesty. Nicméně, abyste se dostali do nebe, existuje pouze jedna cesta: Ježíš Kristus.

Já jsem ta cesta, pravda i život. Nikdo nepřichází k Otci než skrze mne (Jan 14:6).

Ježíš, jediný Boží syn, otevřel cestu spasení tím, že se nechal ukřižovat za všechny lidi, kteří měli navždy zemřít kvůli svým hříchům a třetího dne byl vzkříšen. Když uvěříme v Ježíše Krista, jsme oprávněni získat věčný život. Proto je Ježíš Kristus jedinou cestou do nebe, ke spasení a k věčnému životu. Kromě toho, přijmout Ježíše Krista a podobat se jeho přirozenosti je cesta k věčnému životu.

Zlaté náměstí

Na každé straně řeky živé vody jsou cesty, které v nezměrném nebi každému umožňují snadno nalézt Boží trůn. Řeka živé vody vyvěrá u trůnu Božího a Beránkova, protéká skrze nový Jeruzalém a všechny příbytky v nebi a vrací se k Božímu trůnu.

A ukázal mi řeku živé vody, čiré jako křišťál, která vyvěrala u trůnu Božího a Beránkova. Uprostřed města na náměstí, z obou stran řeky, bylo stromoví života nesoucí ovoce dvanáctkrát do roka; každý měsíc dozrává na něm ovoce a jeho listí má léčivou moc pro všechny národy (Zjevení 22:1-2).

V duchovním slova smyslu „voda" symbolizuje Boží slovo a protože získáváme život skrze toto Slovo a jdeme cestou věčného života skrze Ježíše Krista, živá voda proudí od trůnu Božího a Beránkova.

Kromě toho, vzhledem k tomu, že řeka živé vody proudí celým nebem, můžeme snadno dosáhnout nového Jeruzaléma pouze následováním zlatých cest na každé straně řeky.

Význam zlatého náměstí

Zlaté náměstí není pouze v novém Jeruzalémě, ale také na všech ostatních místech v nebi. Nicméně, zrovna jako se jas, stavební materiály a krása příbytek od příbytku liší, jas zlatého náměstí je také v každém příbytku jiný.

Ryzí zlato v nebi, na rozdíl od zlata nalezeného na tomto světě, není měkké, ale pevné. Když se však budeme procházet po těchto zlatých náměstích, pocítíme měkkost. Mimo to, v nebi není prach ani cokoliv špinavého a protože se nikdy nic neopotřebuje, zlatá náměstí se nikdy nepoškodí. Z obou stran řeky kvetou nádherné květiny, které zdraví Boží děti procházející se po ulicích.

Jaký je tedy význam a důvod pro to, aby byla náměstí vytvořená z ryzího zlata? Má nám to připomenout, že čím čistější jsou naše srdce, tím lepší místo v nebi můžeme obývat. Kromě toho, vzhledem k tomu, že můžeme vstoupit do nového Jeruzaléma pouze, když směřujeme k městu s vírou a nadějí, Bůh vytvořil náměstí z ryzího zlata, což znamená duchovní víru a vroucí naději zrozenou z této víry.

Květinové cesty

Právě jako existuje rozdíl v procházce po čerstvě pokoseném trávníku, kamenech, vydlážděných chodnících a tak dále, existuje rovněž rozdíl mezi procházkou po zlatém náměstí a květinových cestách. Existují také další cesty učiněné z drahokamů a při chůzi po nich budete pociťovat zase úplně jiné štěstí. Tak, jako si všímáme odlišností v pohodlí mezi rozmanitými dopravními prostředky jako je letadlo, vlak nebo autobus, tak je tomu i v nebi. Když se procházíme po cestách sami, je to zcela odlišné od toho, když je někdo přepraven automaticky Boží mocí.

Květinové cesty v nebi nemají květiny na každé straně cesty, ale cesty samotné jsou z květin, takže se lidé mohou procházet po květinách. Je to příjemný a lehký pocit jako při procházce po měkkém kobereček bosýma nohama. Květiny se nepoškodí ani neuschnou, protože naše těla budou duchovními těly, která jsou velmi lehká a květiny se tak neušlapou.

Kromě toho, když po nich Boží děti kráčejí, nebeské květiny se radují a vydávají překrásnou vůni. Takže, když děti kráčejí po květinových cestách, jejich těla nasávají vůni květin a jejich srdce se cítí blažené, občerstvené a šťastné.

Cesty z drahokamů

Cesty jsou učiněny z drahokamů mnoha druhů oslnivých barev a jsou plné nádherných světel. Co je ale zajímavější, září krásnějšími světly, když po nich kráčejí duchovní těla. Dokonce i drahokamy vydávají vůně a pociťované štěstí a radost přesahují veškeré lidské chápání. Při procházce po cestách z drahokamů můžeme rovněž pociťovat trochu vzrušení, protože se to podobá procházce po vodě. To však neznamená, že se budeme cítit, jako kdybychom se nořili do vody nebo se topili, ale namísto toho budeme při každém kroku pociťovat extázi s trochou napětí. Nicméně, cesty z drahokamů můžeme v nebi nalézt jen na určitých místech. Jinými slovy, nacházejí se jako odměna v domech a okolo domů těch, jejichž srdce se podobá srdci Pána a přispěli velikým dílem k uskutečňování Boží prozíravosti v tříbení člověka. A to takovým způsobem, jako když je i malý průchod v královském zámku nebo paláci ozdoben vytříbenými materiály nejvyšší kvality.

Lidé nejsou z ničeho v nebi unaveni ani otráveni, ale všechno milují, protože se jedná o duchovní svět. Rovněž pociťují větší radost a štěstí, protože i malý předmět má v sobě zapuštěný duchovní význam a láska a obdiv lidí podle toho stoupají.

Jak nádherný a úžasný je nový Jeruzalém! Je připravený Bohem pro jeho milované děti. I lidé v ráji a prvním, druhém a třetím nebeském království se velmi radují a jsou vděční, když s pozváním do nového Jeruzaléma projdou skrze brány z perel.

Dokážete si představit, o kolik víc budou Boží děti vděčné a o kolik víc se budou radovat ze skutečnosti, že dospěly do nového Jeruzaléma v důsledku toho, že věrně následovaly Pána správným způsobem?

Tři klíče před vstupem do města nového Jeruzaléma

Nový Jeruzalém je krychlového tvaru s šířkou, délkou a výškou 2 400 km. Městské hradby mají celkem dvanáct bran a dvanáct základních kamenů. Městské hradby, dvanáct bran a dvanáct základních kamenů, to všechno má svůj duchovní význam. Pokud rozumíme těmto duchovním významům a uskutečňujeme je ve svém srdci, můžeme mít duchovní předpoklady vstoupit do nového Jeruzaléma. V tomto smyslu jsou tyto duchovní významy klíči ke vstupu do města nového Jeruzaléma.

První klíč pro vstup do nového Jeruzaléma je ukrytý v městských hradbách. Jak je zapsáno ve Zjevení 21:18: *„Hradby jsou postaveny z jaspisu a město je z ryzího zlata, zářícího jako křišťál,"* městské hradby jsou vytvořeny z jaspisu, což v duchovním slova smyslu symbolizuje víru, která se líbí Bohu. Víra je nejpodstatnější a nejnutnější věc v křesťanském životě. Bez víry nemůžeme být spaseni a nemůžeme se zalíbit Bohu. Abychom mohli vstoupit do nového Jeruzaléma, musíme mít víru, která se zalíbí Bohu – pátou úroveň víry, která je nejvyšší úrovní víry. Proto je prvním klíčem pátá úroveň víry – víra, která se líbí Bohu.

Druhý klíč lze nalézt ve dvanácti základních kamenech. Posílením duchovních srdcí představovaným dvanácti základními kameny je dokonalá láska a tato dokonalá láska je druhým klíčem k novému Jeruzalému.

Dvanáct základů tvoří dvanáct různých drahokamů. Každý

drahokam na dvanácti základech symbolizuje specifický druh duchovního srdce. Jsou to srdce víry, přímosti, obětavosti, spravedlnosti, věrnosti, vášně, milosrdenství, trpělivosti, dobroty, sebeovládání, čistoty a tichosti. Když posílíme všechny tyto vlastnosti, stane se naše srdce srdcem Ježíše Krista a Boha Otce, který je lásku samotnou. Když to shrneme, druhým klíčem ke vstupu do nového Jeruzaléma je dokonalá láska.

Třetím klíčem ukrytým v novém Jeruzalémě je dvanáct bran z perel. Pomocí perly Bůh chce, abychom si uvědomili, jak můžeme vejít do nového Jeruzaléma. Perla se na rozdíl od ostatních drahokamů utváří zcela jinak. Veškeré zlato, stříbro a drahé kameny, které tvoří 12 základních kamenů, pochází ze země. Perla se však utváří jedinečně z živé věci.

Většinu perel vytváří perlorodky. Perlorodka snáší bolest a vylučuje perleť, která vytváří perlu. Stejným způsobem musejí Boží děti také snášet bolest, dokud naplno neobnoví Boží obraz.

Bůh Otec chce získat ty děti, které se potom, co jsou omyty krví Ježíše Krista, znovu neušpiní, ale zalíbí se Bohu Otci svou dokonalou vírou. Abychom měli tuto dokonalou víru, vyžaduje se po nás opravdové srdce. Opravdové srdce máme ve chvíli, kdy odstraníme všechny hříchy a zlo ze svého srdce a naplníme ho místo toho dobrotou a láskou.

To je důvod, proč na nás Bůh dopouští zkoušky víry, dokud nemáme opravdové srdce a dokonalou víru. Nechává nás odhalit hříchy a zlo v našich srdcích v různých situacích. Když objevíme své hříchy a zlo, pocítíme ve svém srdci bolest. Je to, jako když ostrý element vnikne do ústřice a zabodne se do měkkého masa. Stejným způsobem, jakým perlorodka pokryje nevítaný cizí element vrstvu po vrstvě perletí a získává vrstvu po vrstvě na tloušťce, tak když my procházíme zkouškami s vírou, perleť našeho srdce získává na síle. Jako perlorodka vytváří perlu, my věřící také musíme vytvořit duchovní perlu, abychom mohli vejít do nového Jeruzaléma. To je třetí klíč nutný ke vstupu do nového Jeruzaléma.

Přeji vám, abyste porozuměli duchovním významům vtisknutým do městských hradeb nového Jeruzaléma, dvanácti bran hradeb a dvanácti základních kamenů a abyste získali tři klíče, díky kterým budete moci vstoupit do nového Jeruzaléma, protože k tomu budete mít duchovní předpoklady.

Kapitola 7

Okouzlující podívaná

1. Není zapotřebí záře slunce ani měsíce
2. Extáze nového Jeruzaléma
3. Navždy s Pánem, naším ženichem
4. Sláva obyvatel nového Jeruzaléma

Avšak chrám jsem v něm nespatřil: Jeho chrámem je Pán Bůh všemohoucí a Beránek. To město nepotřebuje ani slunce ani měsíc, aby mělo světlo: září nad ním sláva Boží a jeho světlem je Beránek. Národy budou žít v jeho světle; králové světa mu odevzdají svou slávu. Jeho brány zůstanou otevřeny, protože stále trvá den, a noci tam už nebude. V něm se shromáždí sláva i čest národů. A nevstoupí tam nic nesvatého ani ten, kdo se rouhá a lže, nýbrž jen ti, kdo jsou zapsáni v Beránkově knize života.

- Zjevení 21:22-27 -

Apoštol Jan, kterému Duch svatý zjevil nový Jeruzalém, podrobně zaznamenal pohled na město, zatímco se na něj díval z výše položeného místa. Jan si dlouho toužebně přál vidět vnitřek nového Jeruzaléma a když konečně uviděl vnitřní část města, na níž byl překrásný pohled, dostal se do stavu extáze.

Jestliže máme předpoklady vstoupit do nového Jeruzaléma a stát před bránou, uvidíme otevřenou obloukovitou perlovou bránu, která je sama o sobě příliš veliká, abychom dohlédli jejího konce.

V té chvíli se z města začnou linout nepopsatelně nádherná světla a obklopí naše těla. V tom okamžiku pocítíme velikou Boží lásku a neovládneme slzy, které se nám začnou řinout z našich tváří.

Když pocítíme vše zaplavující lásku Boha Otce, který nás ochraňoval svýma planoucíma očima, milost Pána, který nám odpustil svou krví na kříži a lásku Ducha svatého přebývajícího v našich srdcích, který nás vedl k životu v pravdě, vzdáme Bohu nesmírnou slávu a čest.

Prozkoumejme nyní podrobně nový Jeruzalém podle popisu apoštola Jana.

1. Není zapotřebí záře slunce ani měsíce

Když se apoštol Jan díval na scenérii vnitřní části nového Jeruzaléma, který byl naplněn Boží slávou, vyznal následující:

To město nepotřebuje ani slunce ani měsíc, aby

mělo světlo: září nad ním sláva Boží a jeho světlem je Beránek (Zjevení 21:23).

Nový Jeruzalém je naplněn Boží slávou, neboť Bůh sám stojí a vládne nad městem a v něm se nachází vrchol duchovního světa, na kterém Bůh sám sebe zformoval do Trojice kvůli tříbení člověka.

Na nový Jeruzalém září Boží sláva

Důvodem, proč Bůh umístil nad tuto zemi slunce a měsíc, je to, abychom rozpoznali dobro a zlo a rozlišili ducha od těla prostřednictvím světla a tmy, a tak mohli žít jako skutečné Boží děti. Bůh ví o duchu a těle a o dobru a zlu všechno, ale lidské bytosti si tyto věci nedokážou uvědomit bez tříbení člověka, protože jsou pouhými stvořeními.

Když byl první člověk Adam v zahradě Eden předtím, než začalo tříbení člověka, nemohl se nikdy dozvědět o zle, smrti, temnotě, chudobě nebo nemoci. Z toho důvodu nemohl pochopit skutečný význam a štěstí života nebo být vděčný Bohu, který mu dal všechno, třebaže byl jeho život plný hojnosti.

Aby Adam poznal opravdové štěstí, potřeboval prolít slzy, rmoutit se, trpět bolestí a nemocemi a zakusit smrt. A toto je proces tříbení člověka. Více podrobností o tom naleznete v knize *Poselství Kříže*.

Nakonec se Adam dopustil hříchu neposlušnosti tím, že pojedl ze stromu poznání dobrého a zlého, byl vyhnán na tuto zemi a začal zažívat relativitu. Až potom si dokázal uvědomit, jak šťastný, překrásný a plný hojnosti byl jeho život v zahradě Eden a vzdával ve svém srdci díky Bohu.

Jeho potomci skrze tříbení člověka rovněž dospěli k tomu, jak rozlišovat světlo od tmy, ducha od těla a dobro od zla, když zažívali mnoho druhů utrpení. Proto, jakmile získáme spasení a odejdeme do nebe, záře slunce a měsíce, které byly zapotřebí ke tříbení člověka na zemi, již nebudou nutné.

Protože v novém Jeruzalémě přebývá samotný Bůh, není zde nejmenší tmy. Kromě toho, světlo Boží slávy září většinou v novém Jeruzalémě; docela přirozeně pak město nevyžaduje slunce ani měsíc ani žádné lampy nebo světla, které by na něj svítily.

Světlem nového Jeruzaléma je Beránek

Jan nemohl najít cokoliv, co by vydávalo světlo jako slunce nebo měsíc ani nic podobného světelným žárovkám. To proto, že se stal světlem nového Jeruzaléma Ježíš Kristus, který je Beránkem.

Protože se první člověk Adam dopustil hříchu neposlušnosti, lidská rasa musela propadnout cestě smrti (Římanům 6:23). Aby vyřešil tento problém hříchu, poslal Bůh lásky na tuto zemi Ježíše. Ježíš, Boží syn, který přišel na tuto zemi v těle, nás svou krví očistil od našich hříchů a stal se prvním ovocem vzkříšení tím, že zlomil moc smrti.

V důsledku toho všichni, kdo přijmou Ježíše jako svého osobního Spasitele, získají život a mohou se účastnit vzkříšení, užívat věčného života v nebi a dostávat odpovědi na všechno, o cokoliv na této zemi požádají. Kromě toho se mohou Boží děti nyní stát světlem světa tím, že budou žít samy ve světle a budou vzdávat Bohu slávu skrze Ježíše Krista. Jinými slovy, způsob, jakým lampa vydává světlo, září světlo Boží slávy jasněji skrze Spasitele Ježíše.

2. Extáze nového Jeruzaléma

Když se podíváme na nový Jeruzalém zdálky, můžeme vidět skrze oblak slávy překrásné budovy z mnoha druhů vzácných kamenů a zlata. Celé město se zdá být plné směsice mnoha druhů světel: světel vycházejících z domů vytvořených ze vzácných kamenů; světla Boží slávy; a světel vycházejících z hradeb učiněných z ryzího zlata a jaspisu jasné a namodralé barvy.

Jak jenom můžeme vyjádřit slovy emoce a vzrušení ze vstupu do nového Jeruzaléma? Město je tak nádherné, velkolepé a extatické, že to přesahuje všechny naše představy. Ve středu města je Boží trůn, původ řeky živé vody. Okolo Božího trůnu se nacházejí domy Elijáše, Henocha, Abrahama a Mojžíše, Marie z Magdaly a panny Marie, všech, které Bůh velmi, velmi miloval.

Zámek Pána

Zámek našeho Pána se nachází vpravo dole od Božího trůnu, kde pobývá Bůh, když se v novém Jeruzalémě konají chválící bohoslužby a hostiny. V zámku Pána se uprostřed nachází obrovská budova se zlatou střechou a okolo ní je rozprostřeno nekonečně mnoho různých budov. Nad zlatými, kopulovitými střechami se nachází mnoho křížů slávy, obklopených oslňujícími světly. Připomínají nám skutečnost, že jsme obdrželi spasení a dospěli do nebe, protože vzal Ježíš na sebe kříž.

Velká budova uprostřed má tvar válce. Vzhledem k tomu, že je ozdobena mnoha jemně zpracovanými drahokamy, vycházejí z každého drahokamu překrásná světla, která se promíchávají a vytvářejí barvy duhy. Kdybychom měli zámek Pána srovnat s nějakou budovou postavenou člověkem na zemi, jeví se jako nejvíce podobná chrámu Vasilije Blaženého v Moskvě, v Rusku. Nicméně, styl, materiály a velikost nelze za žádnou cenu srovnávat s nejvelkolepější budovou, která kdy byla navržena nebo postavena na této zemi.

Mimo tuto budovu se uprostřed zámku nachází mnoho jiných budov. Sám Bůh Otec zařídil tyto budovy tak, aby ti, jejichž duše k sobě mají blízko, mohli zůstat se svými milovanými. Čelem k zámku Pána jsou seřazeny domy dvanácti učedníků. Vpředu jsou domy Petra, Jana a Jakuba, domy ostatních učedníků stojí za nimi. Co je zvláštní, v zámku Pána se rovněž nacházejí místa pro Marii z Magdaly a pannu Marii, aby zde mohly pobývat. Samozřejmě, že tato místa pro tyto dvě ženy jsou tu pro jejich přechodný pobyt, když je pozve Pán. Jejich skutečné příbytky podobné zámkům se nacházejí blízko Božího trůnu.

Zámek Ducha svatého

Vlevo dole od Božího trůnu se nachází zámek Ducha svatého. Tento gigantický zámek s mnoha rovnoměrně kopulovitými budovami různých rozměrů představuje pokoru a cit, vlastnosti Ducha svatého podobné vlastnostem matky.

Střecha největší budovy uprostřed zámku je jako jeden velký kus karneolu, který představuje vášeň. Okolo této budovy teče řeka živé vody, která vyvěrá u Božího trůnu a zámku Pána.

Všechny zámky v novém Jeruzalémě jsou obrovské a velkolepé a přesahují jakoukoliv naši míru, ale zámky Pána a Ducha svatého jsou obzvláště velkolepé a nádherné. Jejich rozměry se blíží spíše rozměrům města než zámku a jsou postaveny ve velmi zvláštním stylu. To proto, že na rozdíl od jiných domů, které jsou postaveny anděly, jsou postaveny samotným Bohem Otcem. Kromě toho, podobně jako zámek Pána, jsou domy těch, kdo jsou spojeni s Duchem svatým a dosáhli Božího království v éře Ducha svatého, postaveny krásně okolo zámku Ducha svatého.

Velký chrám

Okolo zámku Ducha svatého je mnoho rozestavěných budov a nachází se zde jedna obzvláště velkolepá a veliká budova. Má okrouhlou střechu a dvanáct vysokých sloupů a mezi sloupy dvanáct velikých bran. Jde o velký chrám vystavěný potom, co byl vystavěn nový Jeruzalém.

Nicméně, Jan ve Zjevení 21:22 říká: „*Avšak chrám jsem v něm nespatřil: Jeho chrámem je Pán Bůh všemohoucí a Beránek.*" Proč Jan nemohl vidět chrám? Lidé si obvykle myslí, že Bůh potřebuje místo, kde by přebýval, např. chrám, stejně jako potřebujeme příbytek my. Proto ho na této zemi uctíváme ve svatyních, kde se káže Boží slovo.

Jak se prohlašuje v Janovi 1:1: „*Na počátku bylo Slovo, to Slovo bylo u Boha, to Slovo byl Bůh,*" kde je Slovo, tam je Bůh; kdekoliv se káže Slovo, je svatyně. Nicméně, Bůh sám zůstává v novém Jeruzalémě. Bůh, který je Slovem samotným a Pán, který je s Bohem jedno, přebývají v novém Jeruzalémě, takže není zapotřebí žádného dalšího chrámu. A tak nám prostřednictvím apoštola Jana Bůh dává vědět, že není zapotřebí žádného chrámu a že Bůh a Pán jsou chrámem v novém Jeruzalémě.

Potom jsme však ponecháni svým myšlenkám nad tím, proč se velký chrám, který neexistoval v době apoštola Jana, staví dnes? Jak nacházíme ve Skutcích 17:24: *"Bůh, který učinil svět a všechno, co je v něm, ten je pánem nebe i země, a nebydlí v chrámech, které lidé vystavěli,"* Bůh nepřebývá v konkrétní chrámové budově.

Stejně, ačkoliv je Boží trůn v nebesích, Bůh stále chce, abychom stavěli velký chrám, který představuje jeho slávu; velký chrám se stává pevným důkazem projevu Boží moci a slávy na celém světě. V dnešní době existuje na této zemi mnoho velikých a velkolepých budov. Lidé investují obrovské sumy peněz a stavějí nádherné stavby pro svou vlastní slávu a podle svých vlastních tužeb, ale nikdo nedělá to stejné pro Boha, který jediný je skutečně hodný slávy. Proto chce Bůh postavit nádherný a velkolepý velký chrám skrze své děti, které obdržely Ducha svatého a staly se posvěcenými. Pak chce být řádně oslavován lidmi všech národů (1 Paralipomenon 22:6-16).

Stejně tak, když bude nádherný velký chrám postaven způsobem, jakým si to Bůh přeje, všichni lidé ze všech národů budou oslavovat Boha a připravovat se jako Pánova nevěsta, aby ho přijali. Proto Bůh připravil velký chrám jako centrum evangelizace, aby vedl bezpočet lidí na cestu spasení a zavedl je na konci věků do nového Jeruzaléma. Jestliže uskutečníme tuto Boží prozíravost, postavíme velký chrám a vzdáme v něm Bohu slávu, on nás odmění podle našich skutků a postaví stejný velký chrám v novém Jeruzalémě.

A tak při pohledu na velký chrám z drahokamů a zlata, které nelze srovnávat s žádnými pozemskými materiály, ti, kdo vstoupí do nebe, budou neutuchajícím způsobem vděční za Boží lásku, která nás skrze tříbení člověka zavedla na cestu slávy a požehnání.

Nebeské domy zdobené drahokamy a zlatem

Okolo zámku Ducha svatého se nacházejí domy zdobené mnoha druhy vzácných kamenů. Je tady také mnoho rozestavěných domů a my zde můžeme vidět pracovat mnoho andělů, kteří tu a tam umísťují nádherné drahokamy nebo uklízejí plochy okolo domů. Tímto způsobem Bůh uděluje odměny podle skutků každého jednotlivce a umísťuje je do jejich domu.

Bůh mi jednou ukázal domy dvou velmi věrných pracovnic naší církve. První z nich byla pro církev zdrojem veliké síly, protože se dnem i nocí modlila za Boží království, a tak je její dům postaven z vůně modliteb a vytrvalosti a je u vchodu ozdoben oslnivými drahokamy.

Za účelem uspokojit její laskavou osobnost se v jednom rohu zahrady rovněž nachází stůl, u kterého si může dát čaj se svými milovanými. Na trávě roste mnoho druhů malých květin rozličných barev. Tento popis se vztahuje pouze na vstup a zahradu této osoby. Dokážete si představit o co velkolepější bude hlavní budova?

Druhý dům, který mi Bůh zjevil, patří pracovnici, která se na této zemi zasvětila literární evangelizaci. Mezi mnohými jsem mohl v hlavní budově vidět jeden pokoj. V tomto pokoji je psací stůl, židle a svíce, všechno ze zlata, a také mnoho knih. To všechno za odměnu a pro připomenutí její práce oslavy Boha skrze literární evangelizaci a protože Bůh ví, že čte velmi ráda knihy.

Stejně tak Bůh nejen připravuje naše nebeské domy, ale také nám dává tak nádherné předměty, jaké si nedokážeme ani představit, aby nás odměnil za to, že jsme se vzdali světských radostí na této zemi a opustili je, abychom se plně zasvětili dosahování Božího království.

3. Navždy s Pánem, naším ženichem

V novém Jeruzalémě se nepřetržitě konají rozličné hostiny včetně té, kterou pořádá Bůh Otec. To proto, že ti, kdo žijí v novém Jeruzalémě, mohou pozvat své bratry a sestry, kteří žijí v jiných nebeských příbytcích.

Jak slavné a plné štěstí to bude, jestliže budete moci žít v novém Jeruzalémě a Pán vás pozve, abyste s ním sdíleli lásku a navštěvovali příjemné hostiny!

Vřelé přijetí v zámku Pána

Když lidi v novém Jeruzalémě pozve Pán, jejich ženich, do zámku, ozdobí se jako ta nejkrásnější nevěsta a s radostným srdcem se shromáždí u zámku. Když všechny tyto nevěsty dorazí k zámku, na každé straně zářící hlavní brány je zdvořile uvítají dva andělé. V té chvíli obklopí jejich těla vůně z hradeb ozdobených mnoha drahokamy a květinami a dodá jim ještě více radosti.

Po vstupu hlavní bránou slabě uslyší zvuk chval, který se dotkne nejhlubší stránky jejich ducha. Potom, co uslyší tento zvuk, zaplaví jejich srdce pokoj, štěstí a vděčnost za Boží lásku, protože vědí, že je to Bůh, který je sem dovedl.

Zatímco se procházejí po zlaté cestě zářící jako křišťál, aby došly k hlavní budově, doprovází je andělé. Přitom minou mnoho nádherných budov a zahrad. Než dojdou k hlavní budově, rozbuší se jejich srdce v naději se setkání s Pánem. Jak se blíží k hlavní budově, mohou nyní vidět samotného Pána, který na ně čeká, aby je přijal. Jejich oči zalijí slzy, ale ony toužebně běží k Pánu, aby ho spatřily ještě o sekundu dříve. On je očekává s široce otevřenou náručí a s tváří plnou lásky a pokory každou z nich obejme. Říká jim: „Pojďte, mé nádherné nevěsty! Jste nanejvýš vítány!" Ty, které jsou pozvány, vyznávají svou lásku v jeho náruči a říkají: „Jsem z hloubi svého srdce vděčná za to, že jsi mě pozval!" Potom se procházejí tu a tam ruku v ruce s Pánem jako to dělají zamilované páry a vedou spolu milé rozhovory, po kterých toužily od té doby, co byly na zemi. Napravo od hlavní budovy se rozlévá veliké jezero a Pán podrobně vysvětluje své pocity a okolnosti z dob své služby na zemi.

U jezera připomínajícího Galilejské moře

Proč jim jezero připomíná Galilejské moře? Bůh vytvořil toto jezero v upomínku na to, že Pán započal a udělal mnoho své služby okolo Galilejského moře (Matouš 4:23). V Izajáši 8:23 čteme: „*Avšak tato sklíčená země ponurá nezůstane. Jako zprvu byla země Zabulón a země Neftalí zlehčena, tak nakonec bude přivedena ke cti s Přímořím a Zajordáním i Galileou pronárodů.*" Bylo prorokováno, že Pán začne svou službu u Galilejského moře a toto proroctví bylo naplněno.

V tomto velikém jezeře plave mnoho ryb vydávajících světla rozličných barev. V Janovi 21 se vzkříšený Pán zjevil Petrovi, který nechytil žádnou rybu a řekl mu: „*Hoďte síť na pravou stranu lodi, tam ryby najdete*" (v. 6). Když to Petr učinil, chytil 153 ryb. V jezeře u zámku Pána je rovněž 153 ryb a to také v upomínku na Pánovu službu. Když tyto ryby vyskakují do vzduchu a dělají roztomilé kousky, jejich barvy se mnoha způsoby změní, aby pozvaným způsobily radost a potěšení.

Pán kráčí po tomto jezeře, zrovna jako kráčel po Galilejském moři na této zemi. Potom se ti, kdo byli pozváni, postaví okolo jezera a s radostí očekávají, až Pán promluví. Ten podrobně vysvětluje situaci, kdy kráčel po Galilejském moři na této zemi. Potom Petr, který mohl na této zemi na chvíli kráčet po vodě, když poslechl Pánovo slovo, pocítí lítost za to, že se ponořil do vody kvůli své malé víře (Matouš 14:28-32).

Muzeum uctívající Pánovu službu

Návštěvou různých míst s Pánem se lidé rozpomínají na dobu svého tříbení na zemi. Jsou přitom přemoženi láskou Otce i Pána, kteří připravili nebe. Dorazí do muzea, které se nachází nalevo od hlavní budovy zámku Pána. Postavil ho sám Bůh Otec v upomínku na Pánovu službu na zemi, aby ji lidé mohli vidět a pociťovat jako realitu. Například místo, kde byl Ježíš souzen Pontiem Pilátem a Via Dolorosa, odkud nesl kříž nahoru na Golgotu, jsou znovu postaveny stejným způsobem. Když lidé uvidí tato místa, Pán jim podrobně vysvětlí situaci v té době.

O chvíli dříve jsem se inspirován Duchem svatým dozvěděl, co Pán v té době vyznal a rád bych se o něco z toho s vámi podělil. Je to upřímné vyznání Pána, který přišel na tuto zemi potom, co opustil všechnu slávu v nebi, zatímco kráčel s křížem nahoru na Golgotu.

Otče! Můj Otče!
Můj Otče, který jsi dokonalý ve světle,

Nebe II

Ty skutečně všechno miluješ!
Země, na kterou jsem s Tebou
poprvé vstoupil
a lidé,
od té doby, co byli stvořeni,
jsou nyní tak zkažení...

Nyní si uvědomuji,
proč jsi mě sem poslal,
proč jsi mě nechal snášet utrpení
pocházející ze zkažených srdcí lidí
a proč jsi mě sem nechal sestoupit
ze slavného místa v nebi!
Nyní mohu pociťovat a uvědomovat si
všechny tyto věci
z hloubi svého srdce.

Ale Otče!
Já vím, že Ty všechno opět obnovíš
ve své spravedlnosti a skrytých tajemstvích.
Otče!
Všechny tyto věci jsou pomíjivé.
Ale kvůli slávě,
kterou mi dáš
a cestě světla,
kterou otevřeš těmto lidem,
Otče,
beru tento kříž s nadějí a radostí.

Otče, touto cestou mohu jít,
protože věřím,
že otevřeš tuto cestu a světlo
se svým souhlasem a ve své lásce
a až všechny tyto věci
zakrátko skončí,
ozáříš svého Syna
nádhernými světly.

Otče!
země, po které jsem chodíval, je ze zlata,
cesty, po kterých jsem kráčel, jsou také ze zlata,
vůně květin, kterou jsem vdechoval,
se nedá srovnávat
s vůní na této zemi,
materiály z šatů,
které jsem nosíval,
jsou tak jiné než tyto
a místo, kde jsem žil,
je velmi slavným místem.
Byl bych rád, kdyby tito lidé
toto nádherné a pokojné místo poznali.

Otče,
uvědomuji si každý kousek Tvé prozíravosti.
Proč jsi mi dal život,
proč jsi mi dal tento úkol
a proč jsi mě nechal sestoupit
na tuto zkaženou zemi

číst myšlenky zkažených lidí.
Chválím Tě, Otče,
za Tvou lásku, velikost
a všechny tyto věci, které jsou bezchybné.

Můj drahý Otče!
Lidé si myslí, že sám sebe nehájím,
že se prohlašuji za krále Židů.
Ale Otče,
jak mohou pochopit vzpomínky
vycházející z mého srdce,
lásku k Otci vycházející z mého srdce,
lásku k těmto lidem
vycházející z mého srdce?

Otče,
mnoho lidí si uvědomí a pochopí věci,
které se později přihodí,
skrze Ducha svatého,
kterého jim dáš jako dar,
až odejdu.
Kvůli této chvilkové bolesti,
Otče, neprolévej slzy
a neodvracej ode mne svou tvář.
Nedovol, aby bylo tvé srdce naplněno bolestí,
Otče!

Otče, miluji Tě!
Dokud nebudu ukřižován,

neproleju svou krev a naposledy nevydechnu, Otče,
budu myslet na všechny tyto věci
a srdce těchto lidí.

Otče, nelituj,
ale buď oslaven skrze svého Syna.
A prozíravost a všechny plány Otce
budou navždy zcela dokončeny.

Ježíš zde říká, co mu přišlo na mysl, když byl na kříži: sláva nebes; on sám stojící před Otcem; lidé; důvod, proč mu Otec uložil tento úkol a tak dále.

Ti, kdo jsou pozváni do zámku našeho Pána, prolévají slzy, když to poslouchají a vzdávají v slzách díky Pánu za to, že za ně vzal na sebe kříž. Z hloubi svého srdce pak vyznávají: „Můj Pane, Ty jsi můj skutečný Spasitel!"

Na památku Pánova utrpení učinil Bůh v jeho zámku mnoho cest z drahokamů. Když se někdo po cestách postavených a ozdobených mnoha drahokamy rozličných barev prochází, světla se rozjasní a on má pocit, jakoby kráčel po vodě. Kromě toho, na památku toho, že byl Pán pověšen na kříži, aby vykoupil lidské bytosti z jejich hříchů, zde Bůh Otec vytvořil dřevěný kříž pošpiněný krví. Nachází se zde rovněž betlémský chlév, ve kterém se Pán narodil a je zde k vidění mnoho dalších věcí, ze kterých můžete vnímat realitu Pánovy služby. Když lidé navštíví tato místa, mohou velice jasně vidět Pánovo dílo a slyšet o něm, takže pak mohou hluboce pociťovat Pánovu a Boží lásku a vzdávat navěky slávu a díky.

4. Sláva obyvatel nového Jeruzaléma

Nový Jeruzalém je nejkrásnějším místem v nebi a je odměnou pro ty, kdo dosáhli posvěcení ve svém srdci a byli věrní v celém Božím domě. Zjevení 21:24-26 nám říká, jací lidé při vstoupení do nového Jeruzaléma obdrží slávu:

> *Národy budou žít v jeho světle; králové světa mu odevzdají svou slávu. Jeho brány zůstanou otevřeny, protože stále trvá den, a noci tam už nebude. V něm se shromáždí sláva i čest národů.*

Národy budou žít v jeho světle

Výraz „národy" se zde vztahuje na všechny lidi, kteří jsou spaseni bez ohledu na svůj etnický původ. Ačkoliv občanství, rasa a další atributy se člověk od člověka liší, jakmile jsou jednou lidé spaseni skrze Ježíše Krista, všichni se stávají Božími dětmi s občanstvím nebeského království.

Proto fráze „národy budou žít v jeho světle" znamená, že všechny Boží děti budou žít ve světle Boží slávy. Nicméně, ne všechny Boží děti získají slávu svobodně přicházet do nového Jeruzaléma. To proto, že ti, kdo budou pobývat v ráji, prvním, druhém nebo třetím nebeském království, budou moci jít dovnitř nového Jeruzaléma pouze na základě pozvání. Pouze ti, kdo byli zcela posvěceni a věrni v celém Božím domě, mají tu čest dívat se v novém Jeruzalémě navždy Bohu do tváře.

Králové světa mu odevzdají svou slávu

Spojení „králové světa" se vztahuje na ty, kdo bývali na této zemi duchovními vůdci. Ti září jako dvanáct drahokamů dvanácti základů hradeb nového Jeruzaléma a mají předpoklady k tomu věčně přebývat ve městě. A tak ti, které Bůh uzná, když se před něj postaví, s sebou přinesou dary, které pro něj z celého svého srdce připravili. „Dary" myslím všechno, čím vzdali Bohu slávu ze svého srdce, které je ryzí a čisté jako křišťál.

Proto věta „králové světa mu odevzdají svou slávu" znamená, že připraví jako dary všechny věci, na kterých namáhavě pracovali pro Boží království a vzdali tím Bohu slávu. S těmi pak vstoupí do nového Jeruzaléma.

Králové tohoto světa odevzdávají dary králům větších a silnějších národů jako prostředky, kterými by se jim vlichotili, ale dary Bohu se dávají z vděčnosti za to, že je Bůh dovedl na cestu spasení a věčného života. Bůh radostně přijímá tyto dary a odměňuje je poctou zůstat navěky v novém Jeruzalémě.

V novém Jeruzalémě není nejmenší tmy, protože zde setrvává Bůh, který je sám světlem. Protože zde není noci, zla, smrti ani zloděje, není nutné brány nového Jeruzaléma zavírat. Avšak důvod, proč Písmo říká „den," je ten, že máme pouze omezené znalosti a kapacitu, než abychom plně pochopili nebe.

V něm se shromáždí sláva i čest národů

Co potom znamená fráze „v něm se shromáždí sláva i čest národů"? „Shromáždí se" se zde vztahuje na všechny, kdo získali spasení ze všech národů na zemi a „v něm se shromáždí sláva i čest národů" znamená, že tito lidé vstoupí do nového Jeruzaléma s věcmi, kterými vzdali Bohu slávu, když vydávali vůni Ježíše Krista na této zemi.

Když dítě tvrdě studuje a jeho známky se zlepšují, pochlubí se svým rodičům. Rodiče z něj budou mít radost, protože budou hrdí na tvrdou práci svého dítěte, třebaže nedosáhlo těch nejlepších známek. Stejně tak natolik, nakolik s vírou jednáme pro Boží království na této zemi, vydáváme vůni Ježíše Krista a vzdáváme slávu Bohu. Bůh to pak s radostí přijímá.

Výše je uvedeno, že „králové světa mu odevzdají svou slávu" a důvod, proč čteme nejprve „králové světa" je ukázat duchovní řád nebo postavení, ve kterém lidé přicházejí před Boha.

Ti, kdo mají předpoklady navždy zůstávat v novém Jeruzalémě se slávou podobnou slunci, půjdou před Boha první. Následovat je budou s příslušnou slávou ti, kdo jsou spaseni ze všech národů. Musíme si uvědomit, že nemáme-li předpoklady navěky žít v novém Jeruzalémě, můžeme město pouze příležitostně navštěvovat.

Ti, kdo nikdy nemohou vstoupit do nového Jeruzaléma

Bůh lásky chce, aby každý získal spasení a chce každého odměnit příbytkem a nebeskou cenou podle jeho skutků. To je důvod, proč ti, kdo nemají předpoklady vstoupit do nového Jeruzaléma, vejdou do třetího, druhého nebo prvního nebeského království nebo do ráje podle míry své víry. Bůh pořádá zvláštní hostiny a pozývá tyto lidi do nového Jeruzaléma, aby si také mohli užít velkolepost města.

Nicméně, můžete vidět, že existují lidé, kteří nikdy nemohou vstoupit do nového Jeruzaléma, i když s nimi chce mít Bůh slitování. A tak ti, kdo nezískali spasení, nemohou nikdy vidět slávu nového Jeruzaléma.

A nevstoupí tam nic nesvatého ani ten, kdo se rouhá a lže, nýbrž jen ti, kdo jsou zapsáni v Beránkově knize života (Zjevení 21:27).

Výraz „nesvatý" se zde vztahuje na souzení a odsuzování druhých a stěžování si a usilování jen o svůj vlastní prospěch a zájmy. Takový člověk přebírá roli soudce a odsuzuje druhé podle své vlastní vůle namísto toho, aby se je snažil pochopit.

„Rouhání" se zde vztahuje na všechny skutky vycházející dvojakým způsobem z rouhavého srdce. Vzhledem k tomu, že tito lidé mají nestálé a vrtkavé srdce a mysl, děkují pouze tehdy, když dostanou odpovědi na své modlitby, ale stěžují si a naříkají vždy, když čelí zkouškám. Podobně lidé s hanebným srdcem klamou své svědomí a neváhají změnit svůj názor ve snaze o získání svých vlastních zájmů.

Člověk, který „lže," je ten, který podvádí sám sebe a své svědomí. My bychom měli vědět, že tento druh klamu se stává satanovou pastí. Existují lháři, kteří lžou ze zvyku a další, kteří lžou pro dobro druhých, ale Bůh po nás chce, abychom odhodili i tento druh lží. Existují lidé, kteří ubližují druhým vydáváním falešného svědectví. Tento druh lidí, kteří klamou druhé se zlým úmyslem, nebude spasen. Mimoto ti, kdo klamou Ducha svatého nebo podvádějí v Božím díle, jsou také považováni za „lháře." Jidáš Iškariotský, jeden z dvanácti Ježíšových učedníků, měl na starosti pokladnici s penězi a klamal v Božím díle tím, že z této pokladnice kradl a dopouštěl se dalších hříchů. Když do něj nakonec vstoupil satan, prodal Ježíše za třicet stříbrných a byl věčně zatracen.

Existují lidé, kteří vidí uzdravování nemocných a vyhánění démonů Duchem svatým v Boží moci, ale stále tyto skutky popírají a namísto toho říkají, že je to dílo satana. Tito lidé nemohou vstoupit do nebe, protože se rouhají a mluví proti Duchu svatému. V Božích očích bychom neměli lhát za žádných okolností.

Vymazání jmen z knihy života

Když jsme spaseni vírou, jsou naše jména zapsána do Beránkovy knihy života (Zjevení 3:5). To však neznamená, že každý, kdo přijal Ježíše Krista, bude spasen. Ve skutečnosti můžeme být spaseni pouze tehdy, když jednáme podle Božího slova a obřežeme své srdce tak, že se podobá Pánovu srdci. Nejednáme-li v pravdě ani potom, co jsme přijali Ježíše Krista, naše jména budou z knihy života vymazána a nakonec nezískáme ani spasení.

Ohledně toho nám Zjevení 22:14-15 říká, že blažení jsou ti, kdo si vyprali svá roucha a ti, kdo si svá roucha nevyprali, nebudou spaseni:

> *Blaze těm, kdo si vyprali roucha, a tak mají přístup ke stromu života i do bran města. Venku zůstanou nečistí, zaklínači, smilníci, vrahové, modláři – každý, kdo si libuje ve lži.*

Slovo „nečistí" zde znamená ty, kdo znovu a znovu jednají v nepravdě. Ti, kdo se neodvrátí od svých zlých skutků, ale stále zlé věci opakují, nemohou být nikdy spaseni. Jsou jako pes, co se vrátil k vlastnímu vývratku a umytá svině, co se zase válí v bahništi. To proto, že se zdá, že odhodili zlo, ale stále jdou po špatných cestách a že se zdá, že se stali lepšími, ale vracejí se ke zlu.

Nicméně, Bůh rozpozná víru těch, kdo usilují o to jednat dobře, třebaže ještě nedokážou jednat zcela podle Božího slova. Ti budou nakonec spaseni, protože se stále proměňují a Bůh pokládá jejich úsilí za víru.

„Zaklínači" jsou „ti, kdo praktikují kouzelnické umění." Jednají ohavně a nutí druhé uctívat falešné bohy. To je Bohu velmi, velmi odporné.

„Smilníci" se dopouštějí cizoložství, i když mají manželku nebo manžela. Nejde pouze o fyzické cizoložství, ale rovněž o duchovní cizoložství, což znamená milovat něco více než Boha. Jestliže člověk, který velice jasně zakusil živého Boha a uvědomil si jeho lásku, stále miluje jiné světské věci jako jsou peníze nebo rodina více než Boha, dopouští se duchovního cizoložství, a to před Bohem není správné.

„Vrahové" se dopouštějí fyzické nebo duchovní vraždy. Pokud znáte duchovní význam slova „vrah," pravděpodobně nebudete moci směle říci, že jste nikoho nezabili. Duchovní vrah svádí Boží děti ke hříchu a způsobuje ztrátu jejich duchovního života (Matouš 18:7). Jestliže druhým způsobíte bolest něčím, co je proti pravdě, jedná se také o duchovní vraždu (Matouš 5:21-22).

Rovněž nenávidět, závidět, žárlit, soudit, odsuzovat, přít se, hněvat se, podvádět, lhát, mít rozbroje a rozkoly, pomlouvat a nemít lásku a soucit jsou všechno duchovní vražda (Galatským 5:19-21). Občas se nicméně vyskytnou lidé, kteří ztratí pevnou půdu pod nohama svou vlastní špatností. Například, jestliže opustí Boha, protože je někdo v církvi zklame, je to jejich vlastní špatností. Pokud by skutečně milovali Boha, nikdy by neztratili pevnou půdu pod nohama.

Také „modláři" patří mezi ty, které Bůh nejvíce nenávidí. Co se týče uctívání model, máme tu fyzické uctívání model a duchovní uctívání model. Fyzické uctívání model je vytvoření si beztvarého boha jako obrazu a jeho uctívání (Izajáš 46:6-7). Duchovní uctívání model je něco, co milujete více než Boha. Jestliže někdo miluje svého manžela nebo manželku či děti více než Boha ve snaze o naplnění své vlastní touhy nebo porušuje Boží přikázání tím, že miluje peníze, slávu nebo poznání více než Boha, jde o duchovní uctívání model.

Tito lidé, bez ohledu na to, jak moc vykřikují „Pane, Pane" a navštěvují církev, nemohou být spaseni a vejít do nebe, protože nemilují Boha.

Proto, jestliže jste přijali Ježíše Krista, obdrželi Ducha svatého jako Boží dar a vaše jméno je zapsáno do Beránkovy knihy života, prosím pamatujte na to, že můžete vstoupit do nebe a směřovat k novému Jeruzalému pouze tehdy, když jednáte podle Božího slova.

Nový Jeruzalém je místem, kam mohou vstoupit pouze ti, kdo jsou zcela posvěceni ve svém srdci a věrni v celém Božím domě.

Na jednu stranu se ti, kdo vejdou do nového Jeruzaléma, mohou setkat s Bohem tváří v tvář, mít příjemné rozhovory s Pánem a těšit se nepředstavitelné úctě a slávě. Na druhou stranu ti, kdo zůstávají v ráji, prvním, druhém nebo třetím nebeském království, mohou nový Jeruzalém navštívit pouze tehdy, když jsou pozváni na zvláštní hostiny včetně těch, které pořádá Bůh Otec.

Kapitola 8

„Viděl jsem svaté město, nový Jeruzalém"

1. Nebeské domy nepředstavitelných rozměrů
2. Velkolepý zámek s naprostým soukromím
3. Okružní prohlídka nebem

*Blaze vám, když vás budou tupit a
pronásledovat a lživě mluvit proti vám
všecko zlé kvůli mně. Radujte se a jásejte,
protože máte hojnou odměnu v nebesích;
stejně pronásledovali i proroky,
kteří byli před vámi.*

- Matouš 5:11-12 -

V novém Jeruzalémě se staví nebeské domy, v nichž budou později žít lidé, jejichž srdce se zcela podobá srdci Boha. Podle vkusu každého vlastníka je staví archandělé a andělé, kteří mají stavby na zodpovědnost. Pán zde funguje jako hlavní dozorce. To je privilegium, kterému se budou těšit pouze ti, kdo vejdou do nového Jeruzaléma. Občas sám Bůh vydá archandělovi rozkaz postavit dům konkrétně pro určitou osobu, takže může být postaven přesně podle vkusu budoucího vlastníka. Bůh nezapomíná ani na jedinou kapku slzy, kterou jeho děti prolijí za jeho království a odmění je překrásnými a vzácnými kameny.

Jak vidíme v Matoušovi 11:12, Bůh nám jasně říká, že do té míry, do jaké vyhráváme duchovní bitvy a zrajeme ve víře, můžeme získat krásnější místo v nebi:

> *Ode dnů Jana Křtitele až podnes království nebeské trpí násilí a násilníci po něm sahají.*

Bůh lásky nás mnoho let vede tak, abychom důrazně směřovali k nebi, přičemž nám jasně ukazuje nebeské domy nového Jeruzaléma. To proto, že je to velmi blízko pro Pána, až se vrátí. Ten odešel, aby pro nás připravil místo.

1. Nebeské domy nepředstavitelných rozměrů

V novém Jeruzalémě existuje mnoho překrásných domů

nepředstavitelných rozměrů. Mezi nimi se vypíná jeden krásný a velkolepý dům postavený na veliké ploše. Uprostřed stojí okrouhlý, veliký a nádherný třípatrový zámek a okolo zámku je mnoho budov a věcí, kterých si můžete dle libosti užívat. Jsou zde také něco jako dráhy v zábavním parku, které z tohoto místa dělají světoznámou atrakci. Skutečně překvapivé je to, že tento nebeský dům podobný městu patří jedinci, kterého Bůh tříbil na této zemi!

Blaze pokorným, neboť oni dostanou zemi za dědictví

Kdybychom měli na této zemi dostatečný finanční potenciál, mohli bychom si koupit veliký kus pozemku a postavit si takový dům, jaký bychom chtěli. V nebi však nemůžeme ani kupovat pozemek ani stavět dům bez ohledu na to, jak majetní jsme, protože Bůh nás odměňuje pozemkem nebo domem podle našich skutků.

Matouš 5:5 říká: *„Blaze tichým, neboť oni dostanou zemi za dědictví."* V závislosti na tom, do jaké míry se podobáme Pánu a dosáhneme duchovní pokory na této zemi, můžeme v nebi „dostat zemi za dědictví." To proto, že ten, kdo je duchovně pokorný, dokáže přijmout všechny lidi a oni k němu mohou přijít a najít u něj odpočinutí a útěchu. Bude s každým jednat v míru za jakékoliv situace, neboť jeho srdce je mírné, laskavé a měkké jako chmýří.

Pokud ale uzavíráme kompromisy se světem a jdeme proti pravdě, abychom žili s ostatními lidmi v pokoji, nejde v žádném případě o duchovní pokoru. Ten, kdo je skutečně pokorný, nejenže dokáže svým mírným a vřelým srdcem přijmout mnoho lidí, ale také dokáže být statečný a dostatečně pevný, aby za pravdu riskoval i svůj vlastní život.

Takový člověk může získat srdce mnoha lidí a zavést je na cestu spasení a na lepší místo v nebi, protože má lásku a laskavost. Proto může získat veliký dům v nebi. Takže dům popsaný níže patří skutečně pokornému člověku.

Dům podobající se městu

Uprostřed tohoto domu se nachází veliký zámek ozdobený mnoha drahokamy a zlatem. Jeho střecha je z okrouhlého karneolu a velmi jasně září. Okolo zářivého, blyštícího se zámku teče řeka živé vody, která vyvěrá u Božího trůnu. Mnoho budov přispívá k tomu, že to zde vypadá jako v metropoli. Jsou zde rovněž dráhy zábavního parku zdobené zlatem a mnoha drahokamy.

Na jedné straně rozlehlého pozemku se nacházejí lesy, nížina a veliké jezero a na druhé straně jsou rozlehlé kopce poseté rozličnými květinami a vodopády. Je zde také moře, na jehož hladině pluje obrovská výletní loď podobná Titanicu.

Nyní se pojďme projít tímto honosným domem. Na čtyřech stranách se nachází dvanáct bran, my vejdeme hlavní bránou, ze které můžeme vidět hlavní zámek uprostřed.

Tato hlavní brána je vykládaná mnoha drahokamy a střežena dvěma anděly. Jsou to muži a vypadají velmi drsně. Stojí zde bez mrknutí oka a jejich očividná důstojnost přispívá k tomu, že se jeví velmi nepřístupně.

Na každé straně brány stojí kulaté a překrásné velké sloupy. Hradby zdobené mnoha drahokamy a květinami se zdají nekonečné. Při vstupu bránou, která se automaticky otevírá a je řízená anděly, můžete z dálky vidět veliký zámek s červenou střechou, která vás oslňuje nádhernými světly.

Při pohledu na mnoho domů rozmanitých rozměrů zdobených mnoha drahokamy si nemůžete pomoci a jste hluboce pohnuti láskou Boha, který vás odměňuje 30, 60 nebo 100 krát více, než jste vy sami udělali a obětovali. Jste vděční za to, že Bůh dal svého jediného Syna, aby vás zavedl na cestu spasení a věčného života. Ke všemu pro vás ještě připravil tak nádherné nebeské domy. Vaše srdce je zaplaveno vděčností a radostí.

Když uslyšíte jemný, jasný a nádherný zvuk chval okolo celého zámku, zaplaví vašeho ducha nepopsatelný pokoj a štěstí a jste plní emocí:

> Daleko v hloubi mého ducha se dnes večer
> line melodie sladčí než žalm;
> melodie podobná těm nebeským neustále zní
> v mé duši jako nekonečný klid.
> Pokoj! Pokoj! Úžasný pokoj
> přicházející shora od mého Otce!
> Zaplav mého ducha navěky, modlím se
> v nepochopitelných vlnách lásky.

Zlaté cesty zářící jako křišťál

Nyní pojďme procházkou podél zlaté cesty do velikého zámku uprostřed. Při vstupu hlavním vchodem vítají návštěvníky po obou stranách cesty stromy ze zlata a drahokamů s ovocem z drahokamů, které vzbuzuje chuť k jídlu. Návštěvníci si přitom vezmou ovoce. Ovoce se rozpouští v ústech a je tak lahodné, že dodává celému tělu energii a přináší mu radost.

Na každé straně zlatých cest vítají nyní návštěvníky květiny rozličných barev a velikostí a zdraví je svou vůní. Za nimi se nacházejí zlaté trávníky a mnoho druhů stromů, které nádhernou zahradu doplňují. Květiny překrásných barev duhy vypadají, jakoby vydávaly světlo a každá květina vydává svou jedinečnou vůni. Na některých z těchto květin sedí hmyz podobný motýlům barvy duhy a rozmlouvá spolu. Na stromech mezi zářícími větvemi a listy visí mnoho chutného ovoce. Na stromech sedí a zpívá mnoho druhů ptáků se zlatým peřím, to dotváří obraz pokoje a štěstí. Okolo se rovněž pokojně potulují některá zvířata.

Oblačný automobil a zlatý vůz

Nyní stojíte u druhé brány. Dům je tak veliký, že se uvnitř hlavní brány nachází další brána. Před vašima očima se rozprostírá široký prostor, který se podobá garáži, na kterém je zaparkováno mnoho oblačných automobilů a zlatý vůz. Touto neuvěřitelnou scénou jste ohromeni.

Zlatý vůz, vykládaný velkými diamanty a drahokamy, je určen pro vlastníka tohoto domu a má jedno sedadlo. Když se vůz dá do pohybu, září díky mnoha třpytivým drahokamům jako meteor a jeho rychlost je mnohem větší, než má oblačný automobil.

Oblačný automobil je obklopen průzračnými bílými mraky a nádhernými světly mnoha barev a má čtyři kola a křídla. Vozidlo jezdí na zemi po svých kolech a když vzlétne, kola se automaticky zatáhnou a křídla se roztáhnou, takže může svobodně jezdit a létat.

Jak veliká moc a čest to bude cestovat po mnoha místech nebe s Pánem v oblačných automobilech, doprovázených nebeskými zástupy a anděly? Jestliže každá osoba, která vstoupí do nového Jeruzaléma, dostane oblačný automobil, dokážete si představit, jak moc byl odměněn vlastník tohoto domu, když se v jeho garáži nachází početné oblačné automobily?

Veliký zámek uprostřed

Když v oblačném automobilu dorazíte do velikého a překrásného zámku, můžete vidět trojpatrovou budovu se střechou z karneolu. Tato budova je tak obrovská, že ji nelze srovnávat s žádnou budovou na této zemi. Zdá se, že se celý zámek pomalu otáčí a vydává oslnivá světla a ta jasná světla způsobují, že zámek vypadá jako živý. Ryzí zlato a jaspis vydávají jasná a průhledná zlatá světla namodralé barvy. Nemůžete však vidět skrz a celý zámek vypadá jako sousoší bez spojů. Hradby a květiny okolo hradeb vydávají nádherné vůně, čímž všemu dodávají štěstí a radost, které se nedají vypovědět slovy. Květiny rozmanitých velikostí dotvářejí velkolepou scenérii a jejich různé tvary a vůně tvoří vynikající kombinaci.

Jaký je tedy konkrétní důvod pro to, že Bůh zařídil tak obrovský kus země a veliký, nádherný dům? Je to proto, že Bůh nikdy neopomine ani nezapomene na nic, co jeho děti vykonaly pro Boží království a spravedlnost na této zemi a bohatě je odměňuje.

Znovu a znovu se raduji
v mém milovaném.

„Viděl jsem svaté město, nový Jeruzalém"

Ten mě tak miloval,
že dal všechno, co měl.
Miloval mě více než
své rodiče a bratry,
nešetřil své vlastní děti,
pokládal svůj život za bezcenný
a vzdal se ho pro mne.

Jeho oči byly vždy upřeny na mě.
Zcela se řídil mým Slovem.
Usiloval pouze o mou slávu.
Byl vždycky vděčný,
i když nespravedlivě trpěl.
I uprostřed pronásledování
se v lásce modlil za ty,
kteří ho stíhali.
Nikdy nikoho neopustil,
třebaže byl zrazen.
Konal svou povinnost s radostí,
i když trpěl nesnesitelným žalem.
Spasil mnoho duší
a zcela dokonal mou vůli.
Získal mé srdce.

Protože dokonal mou vůli
a tak moc mě miloval,
připravil jsem pro něj
tento veliký a honosný dům
v novém Jeruzalémě.

2. Velkolepý zámek s naprostým soukromím

Jak můžete vidět, Bůh zanechává svůj dotek zejména na domech těch, které nejvíce miluje. Takže tyto domy mají různé úrovně krásy a světlo slávy než jiné domy v novém Jeruzalémě.

Veliký zámek uprostřed je místem, kde si vlastník může užít naprostého soukromí. Kompenzuje jeho práci a modlitby v slzách při dosahování Božího království a skutečnost, že se dnem a nocí staral o duše, aniž by si užíval jakéhokoliv soukromého života.

Obecnou strukturu jeho zámku tvoří hlavní dům uprostřed zámku, zámek má potom dvě vrstvy hradeb. Jsou zde další hradby v prostřední části mezi hlavním domem uprostřed a vnějšími hradbami. Takže je celý zámek rozdělen na vnitřní zámek a vnější zámek, které se nacházejí od hlavního domu ke středovým hradbám a od středových hradeb k vnějším hradbám.

Proto, abychom dosáhli hlavního domu tohoto zámku, musíme minout hlavní bránu a potom znovu další bránu ve středových hradbách. Na vnějších hradbách se nachází mnoho bran a brána, která je v přímce s přední částí hlavního domu, je hlavní brána. Hlavní brána je zdobena nejrůznějšími drahokamy a střeží ji dva andělé. Tito dva andělé mají mužské tváře a působí velmi silným dojmem. Zatímco jsou na stráži, nepohnou ani očima a my z nich můžeme vnímat působivou důstojnost.

Na obou stranách hlavní brány jsou velké válcovité sloupy. Hradby jsou zdobeny drahokamy a květinami a jsou tak dlouhé, že nelze dohlédnout konce. Za doprovodu andělů vstoupíme do hlavní brány, která se automaticky otevře, a zasvítí na nás oslnivá a krásná světla. A máme tu zlatou ulici, která je jako křišťál a rozprostírá se přímo k hlavní bráně.

Přitom, jak kráčíme zlatou ulicí, dojdeme k druhé bráně. Tato brána se nachází ve středových hradbách, které oddělují vnitřní zámek a vnější zámek. Když projdeme touto druhou bránou, narazíme na místo podobné mega velkému parkovišti na zemi. Zde je zaparkováno mnoho automobilů podobných oblakům. Mezi oblačnými automobily se nachází také zlatý vůz.

Hlavní dům tohoto zámku je tak velký, že je větší než jakákoli budova na zemi. Je to třípatrová budova. Každé patro budovy má válcovitý tvar a plocha každého patra se zmenšuje s tím, jak stoupáte vzhůru do dalšího patra. Střecha má tvar cibulovité kupole.

Hradby hlavního domu jsou vytvořeny z čistého zlata a jaspisu. A tak namodralé světlo a čisté a průhledné zlaté světlo vydávají nádherná světla v harmonii. Světlo je tak silné, že se zdá, jakoby dům sám žil a pohyboval se. Celá budova vydává zářivá světla a vypadá, jako by se pomalu točila.

Nyní pojďme vstoupit do tohoto velikého zámku!

Dvanáct bran před vstupem do hlavního domu zámku

Tento hlavní dům má před vstupem dvanáct bran. Protože je hlavní dům velmi rozlehlý, vzdálenost od jedné brány k druhé je značně dlouhá. Brány jsou obloukovité a každá z nich má na sobě vyrytý obraz klíče. Pod obrázkem klíče je vytesaný název brány v nebeské abecedě. Tato písmena jsou vytesána drahokamy a každá brána je zdobená jediným druhem drahokamu.

Pod nimi je vysvětleno, proč se každá brána takto jmenuje.

Bůh Otec zkrátil, co vlastník tohoto domu na zemi udělal a vyjádřil to na dvanácti branách.

První brána je ‚Brána spasení'. Vysvětluje, jak se tento vlastník stal pastýřem velkého množství lidí a dovedl nespočet duší po celém světě ke spasení. Vedle Brány spasení se nachází ‚Brána nového Jeruzaléma'. Pod názvem brány je vysvětlení, že vlastník zavedl mnoho duší do nového Jeruzaléma.

Dále jsou zde ‚Brány moci'. Nejprve jsou zde čtyři brány symbolizující čtyři úrovně moci a potom jsou zde Brána moci stvoření a Brána největší moci stvoření. Na těchto branách jsou uvedena vysvětlení toho, jak každý druh moci uzdravil mnoho lidí a oslavil Boha.

Devátá je ‚Brána zjevení', která popisuje, že vlastník obdržel velmi mnoho zjevení a velmi jasně vysvětlil Bibli. Desátá je ‚Brána úspěchů'. To, aby připomněla úspěchy jako výstavbu velkého chrámu.

Jedenáctá je ‚Brána modliteb'. Tato brána vypovídá o tom, jak se tento vlastník modlil celým svým životem, aby naplnil Boží vůli svou láskou k Bohu, a jak truchlil a modlil se za duše.

Poslední, dvanáctá brána, je brána s významem ‚Vyhrát nad nepřítelem ďáblem, satanem'. Vysvětluje, že vlastník všechno překonal s vírou a láskou, když se mu nepřítel ďábel, satan, snažil ublížit a uvrhnout ho v zoufalství.

Jedinečné nápisy a motivy na hradbách

Hradby, učiněné z ryzího zlata a jaspisu, jsou plné motivů odrážejících nápisy a kresby. Je zde zaznamenán každý detail o pronásledování a posměšcích, kterým daná osoba čelila pro Boží království a všechny skutky, kterými oslavila Pána. Ještě úžasnější je, že samotný Bůh vyryl tyto nápisy v básních a písmena navíc vydávají nádhernou a oslňující záři.

Jestliže vstoupíte do zámku potom, co projdete těmito branami, uvidíte předměty, které jsou mnohem krásnější, než které jste viděli venku. Světlo z drahokamů se dvakrát nebo třikrát překrývá a působí tak ještě nádhernějším dojmem.

Nápisy o slzách, námaze a úsilí vlastníka domu na této zemi jsou také vyryty na vnitřních hradbách a vydávají velmi oslnivou záři. Jeho naléhavé noční modlitby za Boží království a čistá vůně jeho oběti za mnohé duše jsou zaznamenány jako báseň, která vydává nádhernou záři.

Bůh Otec však většinu nápisů ukryl, aby je Bůh mohl vlastníkovi domu ukázat sám, až dorazí na toto místo. To proto, aby Bůh mohl přijmout jeho srdce, které oslavuje Otce s hlubokými emocemi a slzami, když mu bude ukazovat tyto nápisy a říkat: „Toto jsem pro tebe připravil."

I na tomto světě píší lidé, kteří někoho milují, opakovaně jméno daného člověka. Píší si jméno do poznámek nebo do deníčku, na pláži, nebo ho dokonce vyrývají na stromy nebo vytesávají do skály. Nevědí, jak vyjádřit svou lásku, tak jen neustále píší jméno osoby, kterou milují.

Podobným způsobem existuje čtvercová zlatá destička, která

má jen tři slova. Ta tři slova jsou: ‚Otec', ‚Pán' a ‚Já'. Vlastník domu nedokázal vyjádřit svou lásku k Otci a Pánu slovy. To ukazuje jeho srdce tímto způsobem.

Setkání a hostiny v prvním patře

Zámek není po většinu času otevřen ostatním, ale je otevřen příležitostně, když se zde konají hostiny nebo plesy. Je v něm veliký sál, ve kterém se může shromáždit bezpočet lidí a užívat si spolu hostiny. Používá se rovněž jako místo setkání, na kterém vlastník sdílí lásku a radost se svými hosty a rozmlouvá s nimi.

Sál je kruhový a je tak veliký, že z jednoho konce nedohlédnete na druhý. Podlaha má bělavou barvu a je velmi hladká. Skládá se z mnoha drahokamů a oslnivě září. Uprostřed sálu se nachází trojposchoďový lustr, který místnosti dodává důstojnost a po stranách stěn jsou ještě další zlaté lustry rozličných rozměrů, které sálu dodávají ještě větší krásu. Uprostřed sálu je rovněž kulaté pódium a okolo pódia je v řadách umístěno mnoho stolů. Pozvaní hosté si sedají podle zasedacího pořádku a vedou spolu přátelské rozhovory.

Všechna výzdoba uvnitř budovy je vytvořena podle vkusu svého vlastníka a její záře a rozmanité tvary jsou velmi překrásné a příjemné. Každý drahokam je poznamenán Božím dotykem a pozvání na hostinu pořádanou vlastníkem tohoto domu se považuje za velikou čest.

Tajné místnosti a přijímací místnosti ve druhém patře

Ve druhém patře tohoto velikého zámku je mnoho místností.

Každá místnost má své tajemství, které se plně odhalí až v nebi a kterým Bůh odměňuje vlastníka domu podle jeho skutků. Jedna konkrétní místnost obsahuje nespočetné koruny rozličných druhů jako nějaké muzeum. Je zde úhledně uloženo mnoho korun včetně zlaté koruny, koruny vykládané zlatem, křišťálové koruny, perlové koruny, koruny zdobené květinami a mnoho dalších korun zdobených rozličnými drahokamy. Těmito korunami je vlastník odměněn pokaždé, když dosáhne Božího království a vzdá Bohu slávu na této zemi a jejich rozměry a tvary, materiály a ozdoby se liší, aby ukázaly rozdíl v udělené poctě. Jsou zde také veliké místnosti, které slouží jako šatníky na oblečení a k ochraně ozdob z drahokamů. O ty starostlivě pečují andělé.

Je tady také útulná čtvercová místnost bez velké výzdoby nazývaná „Modlitební místnost." Je tu proto, že vlastník vyřkl na této zemi mnoho modliteb. Kromě toho se zde nachází místnost s několika televizními přijímači. Tato místnost se nazývá „Místnost bolesti a zármutku" a v ní může vlastník domu sledovat všechny věci svého pozemského života, kdykoliv se mu jen zachce. Bůh uchoval každý jeden moment a událost jeho života, protože tento člověk při konání Božího díla a služby strašně trpěl a prolil mnoho slz za nejrůznější duše.

Ve druhém patře se také nachází nádherně vyzdobené místo pro přijímání proroků, na kterém s nimi vlastník domu může sdílet svou lásku a vést přátelské rozhovory. Může se setkávat s takovými proroky jako jsou Eliáš, kterého vzal do nebe ohnivý vůz s ohnivými koňmi, Henoch, který kráčel s Bohem po 300 let, Abraham, který se zalíbil Bohu svou vírou, Mojžíš, který byl nejpokornějším z lidí na zemi, vždy nadšený apoštol Pavel a další a těšit se z rozhovorů s nimi o jejich životech a okolnostech na tehdejší zemi.

Třetí patro určené ke sdílení lásky s Pánem

Třetí patro velikého zámku je úžasně vyzdobeno kvůli přijetí Pána, se kterým může vlastník domu vést velmi příjemné a podle potřeby dlouhé rozhovory. To proto, že tento člověk miloval Pána více než kohokoliv jiného a usiloval o to se mu podobat svými skutky podle toho, co četl ve čtyřech evangeliích a sloužil a miloval každého způsobem, jakým Pán sloužil svým učedníkům. Kromě toho se v slzách modlil, aby dovedl bezpočet duší na cestu spasení získáním Boží moci, jakou měl Pán a skutečně projevil nesčetné důkazy o živém Bohu. Kdykoliv pomyslel na Pána, stékaly mu po tváři slzy a mnoho nocí nemohl spát, protože vážně postrádal Pána. Tak jako se Pán modlil celou noc, i tento člověk se mnohokrát modlil celou noc a vyvinul veškeré své úsilí k tomu, aby zcela uskutečnil Boží království.

Jak velikou radost bude mít a jak šťastný bude, až se bude moci setkat s Pánem tváří v tvář a sdílet s ním svou lásku v novém Jeruzalémě!

Vidím svého Pána!
Mohu sám spatřit světlo
jeho očí,
mohu si uchovat jeho mírný úsměv ve svém srdci
a všechno to je pro mne velikou radostí.

Můj Pane,
jak moc Tě miluji!

Viděl jsi všechno
a víš všechno.
Nyní prožívám velikou radost,
že mohu vyznat svou lásku.
Miluji tě, Pane.
Tak moc jsi mi chyběl.

Rozhovor s Pánem nebude nikdy nudný ani únavný. Bůh Otec, který přijal tuto lásku, vyzdobil interiér ve třetím patře tohoto velkolepého domu dekoracemi a drahokamy opravdu velmi nádherně. Pracnost a skvostnost se nedají popsat a také úroveň osvětlení je mimořádná. A tak můžete pohledem na domy v nebi pociťovat spravedlnost a něžnou lásku Boha, který vás odmění podle vašich skutků.

3. Okružní prohlídka nebem

Co všechno se nachází okolo velikého zámku? Pokud bych měl popisovat tento dům podobný městu do nejmenšího detailu, bylo by to na napsání samostatné knihy. Okolo zámku se nachází veliká zahrada a mnoho rozličných budov, které vedle stojí v harmonii a jsou nádherně vyzdobeny. Taková zařízení jako bazén, zábavní park, domky a opera přispívají k tomu, že tento dům vypadá jako veliká turistická atrakce.

Bůh odměňuje všechno podle skutků každého jednotlivce

Důvod, proč může mít člověk takovýto dům s mnohým

vybavením je ten, že obětoval celé své tělo, mysl, čas a peníze na této zemi Bohu. Bůh ho odmění za všechno, co udělal pro Boží království včetně toho, že dovedl bezpočet duší na cestu spasení a zbudoval Boží církev. Bůh je více než schopný nám dát nejenom to, o co požádáme, ale také to, po čem toužíme ve svém srdci.

Víme, že Bůh dokáže projektovat dokonaleji a nádherněji než jakýkoliv vynikající architekt nebo urbanista na zemi a projevit jednotu a rozmanitost zároveň.

Pokud máme dostatek peněz, můžeme na této zemi většinou vlastnit cokoliv, čeho se nám zamane. V nebi tomu tak není. Do domu, ve kterém žijete, se nedají oblečení, drahokamy, koruny ani sloužící andělé koupit ani najmout, ale dostanete je pouze podle míry své víry a své věrnosti Božímu království.

Jak nalézáme v Židům 8:5: *„Ti však sloužili ve svatyni, která je jen náznakem a stínem svatyně nebeské. Vždyť Bůh uložil Mojžíšovi, když měl zřídit stánek: ‚Hleď, ať uděláš vše podle vzoru, který ti byl ukázán na hoře,'"* tento svět je jen stínem nebe a většina zvířat, rostlin a zbytku přírody se rovněž nachází v nebi. Jsou mnohem krásnější než ty na zemi.

Prozkoumejme nyní zahrady plné rozmanitých květin a rostlin.

Místa k uctívání a velký chrám

Dole pod zámkem uprostřed se nachází veliké vnitřní nádvoří, na kterém vytváří spousta květin a stromů nádhernou scenérii. Na druhé straně zámku jsou veliká místa k uctívání, na kterých mohou lidé čas od času oslavovat Boha chválou. Tento nebeský dům, který je nepředstavitelně ohromný, je jako známá turistická atrakce vybavená mnohými zařízeními a vzhledem k tomu, že lidem zabere hodně času prohlédnout si dům, jsou zde místa určená k uctívání, na kterých mohou odpočívat.

Uctívání v nebi je naprosto odlišné od toho, na jaké jsme zvyklí na této zemi. Nejsme tu svázáni formalitami, ale můžeme vzdávat Bohu slávu novými písněmi. Jestliže zpíváme o slávě Otce a lásce Pána, budeme občerstveni, protože obdržíme plnost Ducha svatého. Potom budeme prožívat hlubší emoce v srdci a budeme naplněni díky a radostí.

Kromě těchto míst k uctívání má tento zámek budovu, která má přesně ten stejný tvar jako konkrétní chrám, který existoval na zemi. Když byl na zemi, obdržel vlastník tohoto zámku od Boha Otce úkol postavit enormní a velký chrám, stejný chrám je také postaven v novém Jeruzalémě.

Podobně jako David ve Starém zákoně i vlastník tohoto zámku toužil po Božím chrámu. Na světě existuje mnoho budov, ale neexistuje opravdu žádná budova, která ukazuje na Boží důstojnost a slávu. Této skutečnosti vždycky litoval.

Měl v sobě veliký zápal postavit chrám, který bude určený pouze pro Boha Stvořitele. Bůh Otec přijal toto toužící srdce a vykreslil mu v nejmenších detailech tvar, velikost, výzdobu a dokonce i vnitřní konstrukce chrámu. Z hlediska lidského myšlení to bylo nemožné, ale on jednal s vírou, nadějí a láskou a nakonec byl velký chrám vybudován.

Tento velký chrám není pouze budova, která je obrovská a velkolepá. Je to krystaloid slz energie těch věřících, kteří skutečně milují Boha. Aby byl tento chrám postaven, musely se využít poklady světa. Muselo se pohnout srdcem králů národů. A aby se to uskutečnilo, bylo nejvíce zapotřebí mocných Božích skutků, které přesahují jakékoli lidské představy.

Vlastník tohoto zámku sám překonal velmi obtížné duchovní bitvy, aby získal takovou moc. Věřil v Boha, který dělá z nemožného možné pouze s dobrotou, láskou a poslušností. Neustále se modlil a v důsledku toho vystavěl velký chrám, který Bůh radostně přijal.

Bůh Otec, který všechny tyto skutečnosti znal, rovněž vystavěl reprodukci tohoto velkého chrámu v zámku tohoto člověka. Samozřejmě, že velký chrám v nebi je vystavěn ze zlata a drahokamů, které jsou krásnější než materiál na zemi, se kterým se nedá srovnat, ačkoliv tvar je stejný.

Sál pro představení podobný Opeře v Sydney

V tomto zámku se nachází sál pro představení podobný Opeře v Sydney v Austrálii. Bůh Otec měl důvod, proč postavil v zámku takový sál. Když byl vlastník tohoto zámku na zemi, organizoval mnoho účinkujících týmů, protože rozuměl Božímu srdci, které se těší z chval. A velice oslavoval Boha Otce krásným a půvabným křesťanským uměním.

Nešlo pouze o vnější vzhled, dovednosti a techniky. Vedl účinkující duchovním způsobem, aby mohli chválit Boha opravdovou láskou z hloubi svého srdce. Vychoval mnoho účinkujících, kteří mohli Bohu nabídnout takové chvály, které Bůh skutečně mohl přijmout. Kvůli tomu Bůh Otec vystavěl v tomto zámku překrásný sál pro umělecká představení, aby tito účinkující mohli svobodně projevovat své schopnosti podle touhy svého srdce.

Před touto budovou se rozprostírá velké jezero a zdá se, že

celá budova po vodě pluje. Když vodní fontány vystříknou vodu z jezera, vodní kapičky padají a přitom vydávají světlo jako drahokamy. Sál pro představení má nádherné jeviště zdobené rozmanitými drahokamy a také mnoho sedadel čekajících na diváky. Zde budou vystupovat andělé v překrásných kostýmech.

Tito účinkující andělé budou tančit v šatech vyzařujících světlo lesknoucí se průsvitností drahokamů podobající se křídlům vážek. Každý jejich pohyb je dokonale bezchybný a překrásný. Jsou tu také andělé, kteří zpívají a hrají na hudební nástroje. Se sofistikovanými dovednostmi a technikou hrají krásné a sladké melodie.

Avšak třebaže jsou dovednosti andělů tak skvělé, vůně z jejich chval a tance se velmi liší od vůně Božích dětí. Boží děti prožívají ve svých srdcích hlubokou lásku a vděčnost k Bohu. Ze srdce, které bylo krásně učiněno skrze tříbení člověka, vychází vůně, která dokáže dojmout Boha Otce.

Ty Boží děti, které mají povinnost chválit Boha na zemi, budou mít mnoho šancí oslavovat Boha svými chválami také v nebi. Jestliže vedoucí chval vejde do nového Jeruzaléma, může účinkovat v tomto uměleckém sále, který se podobá Opeře v Sydney. Představení konaná na tomto místě se občas živě vysílají ve všech příbytcích nebeského království. Proto stát na jevišti tohoto sálu byť jen jedinkrát bude veliká pocta.

Oblačný most barvy duhy

Řeka živé vody zářící stříbrnými světly protéká skrze celý zámek, jakoby ho obklopovala. Vyvěrá u Božího trůnu a protéká okolo Pánova zámku a zámku Ducha svatého, dále novým

Jeruzalémem, třetím, druhým a prvním nebeským královstvím, rájem a vrací se zpět k Božímu trůnu.

Zatímco lidé sedí na zlaté nebo stříbrné pláži z obou stran řeky živé vody, rozmlouvají s rybama mnoha nádherných barev. Na každé straně řeky jsou zlaté lavičky a okolo nich roste stromoví života. Když sedíte na zlatých lavičkách, díváte se na chutné ovoce a jen si pomyslíte: ‚Ach, to ovoce vypadá tak lahodně,' sloužící andělé přinesou ovoce v květinovém košíku a zdvořile vám jej podají.

Okolo řeky živé vody se rovněž nacházejí překrásné, obloukovité oblačné mosty. Při procházce po oblačném mostě barvy duhy a pohledu na řeku protékající pomalu pod vámi se cítíte tak báječně, jako byste se vznášeli v oblacích nebo kráčeli po vodě.

Když přejdete řeku živé vody, narazíte na vnější nádvoří s rozličnými květinami a zlatým trávníkem a pocítíte zde něco zcela jiného, než jste cítili na vnitřním nádvoří.

Zábavní park a květinová cesta

Když přejdete oblačný most, najdete zde zábavní park, ve kterém se nachází mnoho nejrůznějších drah, které jste nikdy neviděli ani o nich neslyšeli ani si je nedokázali představit; ani ty nejlepší zábavní parky tohoto světa jako je Disneyland se nedají s tímto zábavním parkem srovnávat. Okolo parku jezdí vlaky z křišťálu, stylová dráha pirátské lodi ze zlata a mnoha drahokamů se pohybuje dopředu a dozadu, kolotoč se točí ve veselém rytmu a velká horská dráha fascinuje jezdce svou vzrušující jízdou. Kdykoliv se tyto dráhy vykládané mnoha drahokamy pohnou, vydávají mnohočetná světla a jen pobyt zde vás pohltí svou slavnostní atmosférou.

Na jedné straně vnějšího nádvoří se nachází nekonečná květinová cesta a celá tato cesta je pokrytá květinami, takže se po nich můžete procházet. Nebeské tělo je tak lehounké, že necítíte jeho hmotnost a květiny nepošlapete, i když se po nich procházíte. Když kráčíte po široké květinové cestě a vdechujete velmi příjemné vůně květin, květiny uzavírají své korunní plátky, jakoby se styděly a mávají tak, že své korunní plátky doširoka otevírají. To je zvláštní uvítání a pozdrav. V pohádkách mají květiny svou vlastní tvář a mohou rozmlouvat. Stejné je to v nebi.

Při procházce květinami a vdechování jejich vůně budete radostí zcela bez sebe a květiny se budou cítit šťastné a poděkují vám za to, že se po nich procházíte. Když na ně měkce došlápnete, vydají ještě více vůně. Každá květina má jinou vůni a vůně jsou pokaždé různě namíchány tak, abyste mohli zakusit nové pocity vždycky, když se po nich budete procházet. Květinové cesty jsou zde rozšířené a jsou jako nádherná malba, která dodává krásu tomuto nebeskému domu. Dům tohoto člověka je ohromný a zdánlivě nezměrný a obsahuje rozmanitá zařízení.

Veliká pláň, na které si pokojně hrají zvířata

Nad květinovými cestami je veliká, široká pláň a na ní mnoho druhů zvířat, která byste mohli vidět i na zemi. Samozřejmě, že na různých místech můžete vidět různá zvířata, ale tady se nachází téměř všechny druhy zvířat kromě těch, která povstala proti Bohu jako jsou draci. Scenérie před vašima očima vám připomíná nekonečnou savanu v Africe. Tato zvířata však neopouštějí své plochy, třebaže zde není plot a svobodně dovádějí. Jsou větší než zvířata na této zemi a mají zřetelnější a jasněji zářící barvy. Zákony džungle se jich zde ale netýkají.

Všechna zvířata jsou mírná; dokonce lvi, kteří jsou nazýváni králi zvířat, nejsou vůbec agresivní, ale jsou velmi mírní a jejich zlatá srst je velmi příjemná. V nebi můžete se zvířaty také svobodně rozmlouvat. Jen si představte, jak si užíváte nádheru velkolepé přírody, když jedete na lvu nebo slonovi, který běží po široké pláni. Není to nic, co byste našli jen v pohádce, ale privilegium pro ty, kdo jsou spaseni a získají nebe.

Soukromý domek a zlaté křeslo k odpočinku

Vzhledem k tomu, že dům této osoby je jako veliká turistická atrakce v nebi pro potěšení mnoha lidí, Bůh dal jeho vlastníkovi domek určený zejména pro jeho soukromé účely. Tento domek se rozkládá na malém kopci s úžasným výhledem a je nádherně vyzdoben. Ne každý může vstoupit do tohoto domku, protože je určen k soukromým účelům. Vlastník domu zde odpočívá sám nebo ho využívá k přijetí proroků, jako jsou Elijáš, Henoch, Abraham a Mojžíš.

Je tady ještě jeden domek z křišťálu a na rozdíl od jiných budov je velmi jasný a průhledný. Nemůžete však z venku vidět dovnitř a vstup je zde zakázán. Na střeše tohoto křišťálového domku je otáčející se zlaté křeslo. Když si na něj vlastník domku sedne, může na první pohled vidět celý svůj dům mimo čas a prostor. Bůh to tak zařídil mimořádně pro tuto osobu, aby mohla pociťovat radost při pohledu na množství lidí navštěvujících její dům nebo jednoduše odpočívat.

Kopec vzpomínek a cesta rozjímání

Cesta rozjímání, na jejichž obou stranách stojí stromy života, je tak klidná, jakoby se zde zastavil čas. Při každém kroku vlastníka domu vychází z hloubi jeho srdce pokoj a připomínají se mu věci na této zemi. Jestliže myslí na slunce, měsíc a hvězdy, kulatá vrstva podobná obrazovce se rozprostře nad jeho hlavou a objeví se slunce, měsíc a hvězdy. V nebi není zapotřebí záře slunce, měsíce ani hvězd, protože je celé místo obklopeno světlem Boží slávy, ale tato vrstva je pro něho samostatně připravena, aby mohl přemýšlet nad věcmi na zemi.

Nachází se zde také místo nazývané kopec vzpomínek a vytváří tady velikou vesnici, ve které se vlastník domu může vrátit ke svému životu na zemi. Jsou zde sebrány ústřižky z jeho života. Dům, ve kterém se narodil, školy, které navštěvoval, města a velkoměsta, ve kterých žil, místa, kde čelil zkouškám, místo, kde se poprvé setkal s Bohem a útočiště, která vybudoval potom, co se stal Božím služebníkem, jsou tady všechna vytvořena v chronologickém pořadí.

Ačkoliv materiály jsou očividně odlišné od těch na zemi, věci z jeho pozemského života jsou přesně replikovány, aby mohli lidé jasně cítit stopy jeho pozemského života. Jak úžasná je Boží laskavá a něžná láska!

Vodopád a moře s ostrůvky

Když pokračujete v procházce po cestě rozjímání, můžete zdáli slyšet hlasitý a jasný zvuk. Je to zvuk přicházející od vodopádu mnoha barev. Když vodopád stříká, září překrásné drahokamy na jeho dně oslnivými světly. Je to velkolepá scenérie vidět obrovskou masu vody stékat po třech stupních shora dolů a pak vtékat do řeky živé vody. Z obou stran vodopádu jsou drahokamy, které září dvojími nebo trojími světly a spolu se sprškou padající vody vydávají velmi podivuhodnou záři. Jen při pohledu na to se cítíte občerstveni a nabiti energií.

Na vrcholu vodopádu se rovněž nachází altánek, ze kterého mají lidé skvělý výhled nebo zde mohou odpočívat. Můžete odtud vidět nebeský dům v celé jeho celistvosti a výhled je tak velkolepý a nádherný, že se to nedá dostatečně vypovědět žádnými slovy.

Za zámkem se nachází velké moře a na něm se rozkládají ostrůvky rozmanitých velikostí. Čisťounká a průzračná mořská voda září, jakoby byla posypána drahokamy. Je rovněž velmi nádherné pozorovat ryby plovoucí v průzračném moři a k vašemu velkému překvapení jsou pod mořem postaveny překrásné domy nefritově zelené barvy. Na této zemi nemůže mít ani ten nejbohatší člověk dům pod mořskou hladinou.

Nicméně, vzhledem k tomu, že nebe je čtyřrozměrným světem, ve kterém je všechno možné, existují nesčetné věci, kterým nemůžeme rozumět ani si představit, že existují.

Obrovská výletní loď podobná Titanicu a křišťálová loď

Ostrůvky na moři jsou domovem mnoha druhů divokých květin, zpívajících ptáků a vzácných kamenů, které doplňují nádhernou scenérii. Konají se zde soutěže v kanoistice nebo surfování, které přitahují pozornost nebeských občanů. Na měkce se vlnícím moři pluje loď podobná Titanicu. Plavidlo se pyšní rozmanitým vybavením jako jsou bazény, divadla a sály určené k hostinám. Jestliže jste na průhledné lodi, která je celá z křišťálu, cítíte se, jako byste se procházeli po moři a v ponorce tvaru rugbyového míče můžete zase cítit nádheru vnitřního světa moře.

Jaké štěstí to pro vás bude, když budete moci být na lodi podobné Titanicu, na křišťálové lodi nebo v ponorce tvaru rugbyového míče na tomto nádherném místě a strávíte zde třeba jen jediný den! Avšak vzhledem k tomu, že nebe je věčným místem, můžete se ze všech těchto věcí navěky těšit pouze tehdy, jestliže máte předpoklady vstoupit do nového Jeruzaléma.

Mnoho atletických a rekreačních zařízení

Je zde také mnoho atletických a rekreačních zařízení jako golfová hřiště, bowling, kuželky, bazény, tenisové kurty, volejbalová hřiště, basketbalová hřiště atd. Jsou vlastníkovi domu dány za odměnu, protože si mohl těchto sportů užívat na zemi, ale kvůli Božímu království si jich neužíval a trávil veškerý svůj čas pouze tím, že se zabýval věcmi pro Boha.

Na kuželkové dráze, která je ze zlata a drahokamů a má tvar kuželky, jsou míče i kuželky ze zlata a drahokamů. Lidé hrají ve skupinách po třech až pěti a tráví spolu příjemný čas vzájemným povzbuzováním. Necítí, že by míče moc vážily na rozdíl od těch na zemi, takže se míče rychle otáčí, třebaže do nich jen lehce strčíte. Když míč zasáhne kuželky, zazáří oslnivá světla spolu s jasným a krásným zvukem.

Na golfovém hřišti vybudovaném na zlatém trávníku tráva automaticky slehne, aby se míček mohl během hry kutálet. Když tráva slehne jako domino, vypadá to jako zlatá vlna. V novém Jeruzalémě poslouchá srdce svého pána i trávník. Kromě toho, po úderu směrem na jamku k noze připluje kus mraku a přesune svého pána směrem na další jamku. Jak je to úžasné a skvělé! Lidé si užívají skvělé zábavy také v bazénu. Vzhledem k tomu, že v nebi se nikdo nemůže utopit, i ti, kdo neuměli plavat na zemi, mohou přirozeně dobře plavat. Kromě toho, voda nepromáčí oblečení, ale stéká jako rosa po listě. Lidé si mohou užívat plavání kdykoliv, protože mohou plavat s oblečením na sobě.

Jezera mnoha velikostí a fontány v zahradách

Ve velkém a prostorném nebeském domě se nachází mnoho jezer nejrůznějších velikostí. Když ryby rozličných barev mávají v jezerech svými ploutvemi, aby potěšily Boží děti, vypadá to jakoby tancovaly a nahlas vyznávaly svou lásku. Můžete také vidět, jak ryby mění svou barvu. Ryba mávající svými stříbrnými ploutvemi může najednou změnit svou barvu v perleťovou.

Nachází se zde také četné zahrady a každá z nich má jiné jméno podle své jedinečné krásy a vlastností. Krása se nedá vyjádřit slovy, protože na každém listě zůstává Boží dotyk.

Fontány se také odlišují podle vlastností každé zahrady. Obecně fontány vystřikují vodu, ale jsou zde fontány, které vydávají mnoho krásných barev a vůní. Jsou tady nové a vzácné vůně, které nemůžete zažít na této zemi jako vůně utrpení, kterou můžete ucítit z perly, vůně úsilí a vášně karneolu, vůně sebeobětování nebo věrnosti a mnoho dalších. Uprostřed fontány, která vystřikuje vodu nahoru, se skví nápisy nebo kresby, které vysvětlují význam každé fontány a proč byla vytvořena.

Mimoto je v tomto domě podobném zámku mnoho jiných budov a zvláštních míst a je veliká škoda, že se všechna tato zařízení nedají dopodrobna popsat. Důležité je, že nic se nedává bezdůvodně, ale všechno je za odměnu podle toho, jak moc někdo pracoval pro Boží království a spravedlnost na této zemi.

Vaše odměna v nebi je veliká

Do nynějška jste si museli uvědomit, že tento nebeský dům je příliš obrovský a veliký, než abyste si ho dokázali představit. Veliký zámek s naprostým soukromím je postaven uprostřed a obklopuje ho mnoho dalších budov a zařízení spolu s velikými zahradami; tento dům je jako turistické místo nebe. Pravděpodobně si nemůžete pomoci a jste překvapeni, že tento dům nepředstavitelné velikosti připravil Bůh pro jednu osobu, kterou tříbil na této zemi.

Jaký je tedy důvod pro to, že Bůh připravil nebeský dům, který je velikánský jako rozlehlé velkoměsto? Podívejme se na Matouše 5:11-12:

> *Blaze vám, když vás budou tupit a pronásledovat a lživě mluvit proti vám všecko zlé kvůli mně. Radujte se a jásejte, protože máte hojnou odměnu v nebesích; stejně pronásledovali i proroky, kteří byli před vámi.*

Jak moc trpěl apoštol Pavel, když uskutečňoval Boží království? Když kázal pohanům Ježíše jako Spasitele, trpěl nevyslovitelným utrpením a pronásledováním. Ve 2 Korintským

11:23 a dále můžeme vidět, že pro Boží království velmi tvrdě pracoval. Když Pavel kázal evangelium, byl mnohokrát uvězněn, zbit nebo se ocitl v nebezpečí smrti. Pavel si však nikdy nestěžoval ani nikoho nenáviděl, ale radoval se, jak mu přikazovalo Boží slovo. Konec konců, dveře světové misie pro pohany byly otevřeny právě skrze Pavla. Proto přirozeně vstoupil do nového Jeruzaléma a získal čest, která v novém Jeruzalémě září jako slunce.

Bůh velmi miluje ty, kdo namáhavě pracují a jsou natolik věrní, že dokážou obětovat své životy. Žehná jim a odměňuje je v nebi mnoha věcmi.

Svaté město nový Jeruzalém není určeno pro jednu konkrétní osobu, ale může do něj vstoupit a žít v něm každý, kdo posvěcuje své srdce tak, aby se podobalo Božímu srdci a horlivě naplňuje svou povinnost.

Ve jménu Pána Ježíše Krista se modlím, aby se vaše srdce mohlo podobat Božímu srdci skrze horlivé modlitby a Boží slovo a aby jste zcela naplnili své povinnosti, takže budete moci vstoupit do nového Jeruzaléma a vyznat Bohu v slzách: „Jsem velmi vděčný za velikou Otcovu lásku."

Kapitola 9

První hostina v novém Jeruzalémě

1. První hostina v novém Jeruzalémě
2. Proroci ve skupině nejvyšších hodností v nebi
3. Krásné ženy v Božích očích
4. Marie z Magdaly stojící blízko Božího trůnu

*Kdo by tedy zrušil jediné z těchto
nejmenších přikázání a tak učil lidi,
bude v království nebeském vyhlášen za
nejmenšího; kdo by však zachovával a
učil, bude v království nebeském vyhlášen
velkým.*

- Matouš 5:19 -

Svaté město nový Jeruzalém je sídlem Božího trůnu a mezi bezpočtem lidí, které Bůh tříbí na této zemi, zde navěky přebývají ti, kdo mají krásná a čistá srdce jako křišťál. Život v novém Jeruzalémě s Boží trojicí je plný nepředstavitelné lásky, emocí, štěstí a radosti. Lidé se těší z nekončícího štěstí při návštěvě chválících bohoslužeb a hostin a vedou spolu láskyplné rozhovory.

Jestliže navštívíte hostinu v novém Jeruzalémě, kterou pořádá samotný Bůh Otec, můžete sledovat představení a sdílet lásku s nespočetným množstvím lidí z různých nebeských příbytků.

Trojjediný Bůh, který dokončil tříbení člověka díky své dlouhotrvající trpělivosti, se při pohledu na své milované děti raduje a cítí šťastný.

Bůh lásky mi dopodrobna zjevil život v novém Jeruzalémě, který je plný emocí přesahujících naše chápání. Důvod, proč jsem mohl překonávat zlo dobrem a milovat své nepřátele, i když jsem bezdůvodně trpěl, je ten, že mé srdce je naplněno nadějí v nový Jeruzalém.

Ponořme se nyní pomocí příkladu obrazu z první hostiny konané v novém Jeruzalémě do toho, jak požehnané je „podobat se Božímu srdci," které je čisté a překrásné jako křišťál.

1. První hostina v novém Jeruzalémě

Podobně jako jsou hostiny na zemi, jsou hostiny i v nebi. Skrze ně můžeme dobře porozumět radosti z nebeského života.

To proto, že jsou čestnými místy, kde můžeme na první pohled uvidět bohatství a nádheru nebe a dosyta si jich užít. Zrovna jako se lidé na zemi na hostinu pořádanou prezidentem země vystrojí do nejkrásnějších šatů a jedí, pijí a těší se zde z nejlepšího jídla, tak když se koná hostina v nebi, je plná nádherných tanců, zpěvu a štěstí.

Nádherný zvuk chval v sále

Sál určený k hostině v novém Jeruzalémě je nesmírně veliký. Jakmile minete vchod a vstoupíte do místnosti, z jejíhož jednoho konce nemůžete dohlédnout na druhý, přidá se k silnému pocitu, který prožíváte, nádherný zvuk nebeské hudby.

Jak úžasné je světlo,
které zde bylo dávno předtím, než začal čas.
On tímto prvotním světlem
ozařuje úplně všechno.
Dal život svým synům
a stvořil anděly.

Jeho sláva ční vysoko
nad nebem a zemí
a je velkolepá.
Nádherná je jeho milost,
kterou sám rozprostřel.
Rozevřel své srdce
a stvořil svět.
Chvalme svými malými rty jeho velikou lásku.

Chvalme Pána,
který přijímá chválu a raduje se.
Vyzdvihněme jeho svaté jméno
a chvalme ho navěky.
Jeho světlo je úžasné
a hodné chvály.

Čistý a elegantní zvuk hudby se vám rozplývá v duši a dodává jí vzrušení a takový pokoj, jaký cítí děťátko v matčině lůně. Veliká brána sálu barvy bílé perly, kde se koná hostina, je vyzdobena nebeskými květinami mnoha tvarů a barev a jsou na ní vyryty nádherné vzory. Můžete zde vidět, že Bůh Otec ve své něžné lásce ke svým dětem zpracoval na každém rohu nového Jeruzaléma i tu nejnepatrnější věc do toho nejmenšího detailu.

Průchod bránou bílé perlové barvy

Nádhernou, velikou bránou sálu, kde se koná hostina, projde v řadě bezpočet lidí a ti, kdo žijí v novém Jeruzalémě, vejdou jako první. Ti nosí zlaté koruny, které jsou větší než koruny lidí z jiných nebeských příbytků a vydávají jemnou, nádhernou záři. Lidé na sobě mají bílé jednodílné šaty, které září jasným a oslnivým světlem. Jejich tkanina je lehká a měkká jako hedvábí a vlaje dozadu i dopředu.

Šaty, které jsou zdobené zlatem a mnoha drahokamy, mají na krku a rukávech zářivé výšivky z drahokamů. Druhy vzorů a drahokamů se liší podle odměn každého jednotlivce. Krása a čest obyvatel nového Jeruzaléma jsou zcela rozdílné než krása a čest obyvatel všech ostatních nebeských příbytků.

Na rozdíl od lidí zůstávajících v novém Jeruzalémě, musí lidé z ostatních nebeských příbytků projít za účelem návštěvy hostiny v novém Jeruzalémě procesem. Lidé ze třetího, druhého a prvního nebeského království a z ráje si musí převléknout své šaty a obléci se do zvláštních šatů určených pro nový Jeruzalém. Vzhledem k tomu, že se záře nebeských těl liší v závislosti na tom, z jakého příbytku lidé přicházejí, musí si k návštěvě příbytku vyšší úrovně, než ve které žijí, půjčit vhodné šaty.

Proto zde existuje oddělené místo pro převléknutí šatů. V novém Jeruzalémě je mnoho šatů a andělé lidem pomáhají převléknout se. Avšak ti, kdo jsou z ráje, ačkoliv je jich zde jen málo, si musí převléknout šaty sami bez pomoci andělů. Lidé se převléknou ze svých šatů do šatů nového Jeruzaléma a jsou nádherou těchto šatů hluboce pohnuti. Pořád cítí lítost, protože na sobě mají šaty, které nejsou ve skutečnosti hodni nosit.

Aby mohli vstoupit dovnitř, musí si lidé ze třetího, druhého nebo prvního nebeského království a z ráje převléknout šaty a ukázat andělům u vchodu sálu pozvání.

Veliký a oslňující sál určený k hostině

Když vás andělé vedou do sálu, nemůžete si pomoci a cítíte se pohlceni oslnivými světly, majestátností a velkolepostí tohoto sálu. Podlaha sálu září bílou perlovou barvou bez jakékoliv skvrnky nebo špíny a má po každé straně mnoho sloupů. Kulaté sloupy září jako křišťál a interiér sálu je vyzdoben mnoha druhy drahokamů, které dotvářejí tuto jedinečnou krásu. Na každém sloupu visí kytička, která hostině dodává zvláštní atmosféru a úroveň.

Jak šťastní a zaplavení radostí byste byli, kdyby vás někdo pozval do plesového sálu, který je učiněn z bílého mramoru a oslnivě zářícího křišťálu! O co krásnější bude nebeský sál určený k hostině, který je tvořen mnoha druhy nebeských drahokamů! V přední části tohoto sálu v novém Jeruzalémě se nacházejí dvě pódia, která vám dodávají slavnostní pocit, jako byste se vrátili zpět v čase a navštívili korunovační obřad starověkého císaře. Uprostřed nejhořejšího pódia stojí veliký trůn bílé perlové barvy pro Boha Otce. Vpravo od tohoto trůnu se nachází trůn Pána a na levé straně je trůn pro čestného hosta první hostiny. Tyto trůny jsou velmi vysoké a velkolepé a obklopují je oslnivá světla. Na spodním pódiu jsou postavena křesla pro proroky podle jejich nebeské hodnosti, která vyjadřují majestát Boha Otce.

Tento sál určený k hostině je dostatečně veliký, aby pojal bezpočet pozvaných nebeských občanů. Na jedné straně sálu je nebeský orchestr s archandělem jako dirigentem. Tento orchestr hraje nebeskou hudbu, která dodává radost a štěstí nejen v průběhu hostiny, ale rovněž předtím, než hostina začne.

Usazování pod vedením andělů

Ty, kdo vstoupili do sálu, uvádějí andělé na jejich předurčená místa. Lidé z nového Jeruzaléma sedí vpředu následováni lidmi ze třetího království, druhého království, prvního království a ráje.

Ti, kdo jsou ze třetího království, nosí rovněž koruny. Ty jsou však naprosto odlišné od korun nového Jeruzaléma a lidé si musí na pravou stranu koruny dát kulatou značku, aby se odlišili od lidí z nového Jeruzaléma. Ti, kdo jsou z druhého a prvního království, si musí dát kulatou značku na levou stranu hrudníku, aby se automaticky odlišovali od lidí ze třetího království a nového Jeruzaléma. Lidé z druhého a prvního království nosí koruny, ale lidé z ráje nemají žádnou korunu, kterou by nosili.

Ti, kdo jsou pozváni do nového Jeruzaléma na tuto hostinu, usedají a s povznášející myslí očekávají, až vstoupí Bůh Otec, hostitel této hostiny. Zatím si na sobě upravují oblečení. Když zazní trumpety jako signál vstupu Otce, všichni lidé v sále povstanou, aby svého hostitele přijali. V té chvíli se ti, kdo nejsou pozváni na hostinu, mohou této události zúčastnit skrze současně probíhající vysílání instalované v jejich příslušném nebeském příbytku po celém nebi.

Otec vstupuje do sálu za zvuku trumpety

Za zvuku trumpety vstoupí nejprve mnoho archandělů, kteří doprovázejí Boha Otce. Po nich následují Boží milovaní praotcové víry. Nyní jsou všichni a všechno připraveni přijmout Boha Otce. Lidé sledující tuto scénu se nemohou dočkat, až uvidí Otce a Pána a upínají svůj zrak dopředu.

Konečně vstupuje Bůh Otec zářící oslnivými a nádhernými světly. Jeho vzezření je vznešené a důstojné, ale zároveň laskavé a svaté. Jeho mírně vlající vlasy zlatavě září a z jeho tváře a celého těla vyzařuje tak jasná záře, že lidé nemohou pořádně otevřít oči.

Když Bůh Otec vystupuje na trůn, nebeské zástupy a andělé, proroci, kteří čekají na pódiu a všichni lidé v sále sklánějí své hlavy, aby ho uctili. Spatřit Boha Otce, Stvořitele a Vládce všeho osobně jako bytost je velikánská čest. Je to proto doprovázeno velikou radostí a emocemi! Nicméně, ne všichni hosté ho mohou vidět. Lidé z ráje, prvního a druhého království nemohou pozvednout své tváře kvůli oslňujícímu světlu. Pouze prolévají slzy radosti a dojetí a jsou vděční za skutečnost, že mohou vůbec být na této hostině.

Pán představuje čestného hosta

Potom, co si Bůh Otec sedne na svůj trůn, vstoupí Pán uveden nádherným a elegantním archandělem. Má na sobě vysokou a skvostnou korunu a zářivý, bílý a dlouhý plášť. Vypadá důstojně a velkolepě. Nejprve se Bohu Otci zdvořile pokloní Pán, pak mu vyjádří úctu andělé, proroci a všichni ostatní lidé a on jim to odplatí úsměvem. Bůh Otec sedící na trůnu je při pohledu na všechny lidi, kteří přišli na hostinu, velmi potěšen.

Pán míří na pódium a představuje čestného hosta první hostiny. Podrobně vypovídá všechno o jeho službě, která pomohla dokončit tříbení člověka. Někteří lidé přítomni na hostině se podivují, kdo to může být nebo ti, kdo o něm již vědí, věnují s velkým očekáváním pozornost Pánu.

Nakonec Pán dokončuje své postřehy a vysvětluje, jak tento člověk miloval Boha Otce, jak moc usiloval o to spasit co nejvíce duší a jak zcela uskutečnil Boží vůli. Pak je Bůh Otec pohlcen radostí a povstane, aby přivítal čestného hosta první hostiny podobně jako otec vítá svého syna, který se úspěšně vrací domů, jako král, který přijímá vítězného generála. V sále naplněném očekáváním a chvěním, zazní ještě jednou zvuk trumpety a pak vstupuje čestný host, který oslnivě září.

Má na sobě vysokou a velkolepou korunu a dlouhý bílý plášť

podobný tomu, který má Pán. Vypadá rovněž důstojně, ale lidé mohou z jeho tváře podobající se tváři Boha Otce vyčíst jeho vlídnost a milosrdenství.

Když vstoupí čestný host první hostiny, lidé se postaví a začnou provolávat slávu, přičemž zvedají své ruce tak, že vytvářejí vlnu. Otáčejí se k sobě a radují se s ostatními, přičemž se objímají navzájem. Například, při posledním zápase světového poháru, když míč proklouzne okolo brankáře a přinese vítězství, všichni přítomní lidé z vítězné země nebo lidé u obrazovek ve svých domovech, kteří zápas sledují, se začnou radovat a provolávat slávu, objímají se navzájem, plácají se do rukou a tak dále. Podobně je i sál v novém Jeruzalémě plný provolávání radostné slávy.

2. Proroci ve skupině nejvyšších hodností v nebi

Co zvláštního tedy musíme vykonat, abychom se stali obyvateli nového Jeruzaléma a navštívili první hostinu? Nejenom, že musíme přijmout Ježíše Krista a obdržet jako dar Ducha svatého, ale také musíme nést devět druhů ovoce Ducha svatého a naše srdce se musí podobat Božímu srdci, které je čisté a krásné jako křišťál. V nebi se o hodnosti rozhoduje podle míry, do jaké je někdo posvěcený a do jaké se jeho srdce podobá Božímu srdci.

A tak i na první hostinu v novém Jeruzalémě vstupují potom, co vstoupí do sálu Bůh Otec, také proroci, a to podle nebeské hodnosti. Čím větší mají proroci nebo další praotcové víry hodnost, tím blíže mohou stát k Božímu trůnu. A tak vzhledem k tomu, že v nebi vládne řád založený na hodnostech, víme, že abychom stáli blíže k jeho trůnu, musí se naše srdce podobat Božímu srdci.

Nyní prostřednictvím životů proroků ve skupině nejvyšších hodností v nebi přemýšlejme nad srdcem, které je čisté a krásné jako křišťál podobně jako Boží srdce a nad tím, jak se mu můžeme plně podobat.

Elijáš byl vzat do nebe, aniž by spatřil smrt

Ze všech lidských tvorů tříbených na zemi má nejvyšší hodnost Elijáš. V Bibli se můžete dočíst, že každý aspekt Elijášova života svědčil o živém Bohu, jediném pravém Bohu. Byl prorokem za časů krále Achaba v severním izraelském království, kde vládlo přebujelé uctívání model. Konfrontoval 850 proroků, kteří uctívali modly a způsobil, že spadl oheň z nebe. Elijáš rovněž přivolal prudký déšť po třech a půl letech sucha.

> *Eliáš byl člověk jako my, a když se naléhavě modlil, aby nepršelo, nezapršelo v zemi po tři roky a šest měsíců. A opět se modlil, a nebe dalo déšť a země přinesla úrodu* (Jakubův 5:17-18).

Kromě toho skrze Elijáše vydržela hrstka mouky ve džbánu a trocha oleje v láhvi, dokud neskončil hladomor. Vzkřísil mrtvého syna vdově a rozdělil řeku Jordán. Nakonec, chycen vichrem, vystoupil Elijáš do nebe (2 Královská 2:11).

Proč tedy mohl Elijáš, který byl stejnou lidskou bytostí jako my, konat mnohé mocné Boží skutky a dokonce se vyhnout smrti? Je to proto, že skrze mnoho zkoušek během svého života dosáhl srdce, které je čisté a krásné jako křišťál a které se podobá Božímu srdci. Elijáš vložil naplno svou důvěru v Boha v každé situaci a vždy ho poslechl.

Když mu Bůh nařídil, prorok předstoupil před krále Achaba, který se ho pokoušel zabít a před tou lidí vyhlásil, že Bůh je jediným pravým Bohem. To je důvod, proč a jak obdržel Boží moc e velké míře projevoval mocné Boží skutky, aby oslavil Boha a došel k tomu, že se navěky těší cti a slávě.

Henoch chodil s Bohem po 300 let

A co případ Henocha? Podobně jako Elijáš byl i Henoch vzat do nebe, aniž by spatřil smrt. Ačkoliv Bible se o něm moc nezmiňuje, stále můžeme cítit, jak moc se jeho srdce podobalo Božímu srdci.

Ve věku šedesáti pěti let zplodil Henoch Metúšelacha. A chodil Henoch s Bohem po zplození Metúšelacha tři sta let a zplodil syny a dcery. Všech dnů Henochových bylo tři sta šedesát pět let. I chodil Henoch s Bohem. A nebylo ho, neboť ho Bůh vzal (Genesis 5:21-24).

Henoch začal chodit s Bohem ve věku 65 let. V Božích očích byl znamenitý, protože se jeho srdce podobalo Božímu srdci. Bůh s ním hluboce rozmlouval, kráčel s ním 300 let a vzal si ho živého na místo, které je Bohu blízko. „Kráčet s Bohem" zde znamená, že Bůh je s konkrétní osobou ve všem, co dělá. Bůh byl s Enochem, kdekoliv šel, po tři staletí.

Jestliže jdete na výlet, s jakou osobou jdete rádi? Výlet bude příjemný, pokud na něj půjdete s osobou, se kterou se můžete sdílet. Ze stejného důvodu si můžeme uvědomit, že Henoch byl s Bohem jedno srdce, a tak s ním mohl kráčet.

Vzhledem k tomu, že Bůh je ve své podstatě světlo, dobrota a láska, tak abychom mohli kráčet s Bohem, nesmíme v sobě mít nejmenší tmy, ale měli bychom oplývat dobrotou a láskou. Henoch se udržoval ve svatosti, ačkoliv žil v hříšném světě a pronášel lidem Boží vůli (Judův 1:14). Bible neříká, že by dosáhl něčeho velikého nebo vykonal speciální úkol. Přesto, protože se Henoch hluboko v srdci bál Boha, vyhýbal se zlu a žil posvěcený život, aby mohl kráčet s Bohem, Bůh ho vzal, aby si ho rychleji přivedl k sobě.

Proto nám Židům 11:5 říká: *„Henoch věřil, a proto nespatřil smrt, ale Bůh ho vzal k sobě. ‚Nebyl nalezen, protože ho Bůh přijal.' Ještě než ho přijal, dostalo se Henochovi svědectví, že v něm Bůh našel zalíbení."* tak bylo Henochovi, který měl víru, která se líbila Bohu, požehnáno, aby vždy kráčel s Bohem, byl vzat do nebe, aniž by spatřil smrt a stal se osobou s druhou nejvyšší hodností v nebi.

Abraham byl nazván přítelem Božím

Jaké srdce měl Abraham, že byl nazván přítelem Božím a byla mu udělena třetí nejvyšší hodnost v nebi?

Abraham naplno důvěřoval Bohu a zcela ho poslouchal. Když opouštěl na Boží příkaz svou rodnou zemi, dokonce ani neznal cíl cesty, ale v poslušnosti opustil své rodné město a hospodářskou základnu. Navíc, když mu bylo přikázáno obětovat svého syna Izáka, kterému dal život ve věku 100 let, jako zápalnou oběť, neprodleně uposlechl. Důvěřoval Bohu, který je dobrý a všemohoucí a který dokáže vzkřísit mrtvé.

Abraham nebyl ani sobecký. Například, když jeho jmění a jmění jeho synovce Lota bylo tak značné, že nemohli déle sídlit pospolu, Abraham nechal Lota rozhodnout jako prvního: „*Ať nejsou rozepře mezi mnou a tebou a mezi pastýři mými a tvými, vždyť jsme muži bratři. Zdalipak není před tebou celá země? Odděl se prosím ode mne. Dáš-li se nalevo, já se dám napravo. Dáš-li se ty napravo, já se dám nalevo*" (Genesis 13:8-9).

Při jedné příležitosti se dohromady spojilo mnoho králů a napadli Sodomu a Gomoru. Zmocnili se všeho jmění a potravin stejně jako jeho synovce Lota, který v Sodomě žil. Nato vzal Abraham 318 mužů narozených a vychovaných v jeho domácnosti, stíhal krále a jmění a potraviny přinesl nazpět. Sodomský král chtěl dát Abrahamovi něco z navráceného majetku jako důkaz vděčnosti, ale on odmítl. Abraham to učinil proto, že chtěl dokázat, že jeho požehnání přichází pouze od Boha. A tak Abraham poslouchal s vírou v Boží slávu a se srdcem, které je čisté a krásné jako křišťál. To je důvod, proč mu Bůh na této zemi stejně jako v nebi hojně požehnal.

Mojžíš, vůdce exodu

Jaké srdce měl Mojžíš, vůdce exodu, že mu byla udělena čtvrtá nejvyšší hodnost v nebi? Numeri 12:3 nám říká: „*Mojžíš však byl nejpokornější ze všech lidí, kteří byli na zemi.*"

V Judově listu je scéna, ve které se archanděl Michael pře s ďáblem o Mojžíšovo tělo a to proto, že Mojžíš měl předpoklady k tomu, aby byl vzat do nebe, aniž by spatřil smrt. Když byl Mojžíš egyptským princem, zabil jednou Egypťana, který tloukl Hebrejce. Kvůli tomuto ďábel obvinil Mojžíše, že musí spatřit smrt.

Michael však sváděl proti ďáblu boj a říkal, že Mojžíš odhodil všechny hříchy a zlo a má předpoklady k tomu, aby byl vzat do nebe. V Matoušovi 17 čteme, že Mojžíš a Elijáš sestoupili z nebe, aby vedli rozhovor s Ježíšem. Z těchto skutečností můžeme usoudit, co se stalo s Mojžíšovým tělem.

Mojžíš musel uprchnout z faraónova paláce kvůli vraždě, kterou spáchal. Potom choval 40 let na poušti ovce. Zkouškou v poušti Mojžíš zničil veškerou svou pýchu, touhy a svou vlastní spravedlnost, kterých nabyl jako princ ve faraónově paláci. Až potom mu Bůh uložil za úkol, aby vyvedl Izraelce z Egypta.

Nyní se musel Mojžíš, který kdysi zabil člověka a uprchl, vrátit zpátky k faraónovi a vyvést z Egypta Izraelce, kteří zde byli 400 let otroky. Z lidského hlediska se to zdá nemožné, ale Mojžíš poslechl Boha a předstoupil před faraóna. Ne každý mohl být vůdcem, který vyvede milióny Izraelců z Egypta a zavede je do Kenaanské země. To je důvod, proč Bůh nejprve Mojžíše po dobu 40ti let tříbil v poušti a učinil z něho velikou nádobu, která dokázala přijmout a snést všechny Izraelce. Tímto způsobem se Mojžíš stal osobou, která dokázala skrze tyto zkoušky poslechnout až na smrt a mohla vykonat úkol vést exodus. Jak veliký byl Mojžíš, můžeme jednoduše vidět v Bibli.

Mojžíš se tedy vrátil k Hospodinu a řekl: „Ach,

tento lid se dopustil velikého hříchu, udělali si zlatého boha. Můžeš jim ten hřích ještě odpustit? Ne-li, vymaž mě ze své knihy, kterou píšeš!" (Exodus 32:31-32)

Mojžíš dobře věděl, že vymazání jeho jména z knihy PÁNA neznamenalo pouze fyzickou smrt. I když dobře věděl, že ti, jejichž jména nejsou zapsána v knize života, budou vhozeni do pekelného ohně – věčné smrti – a budou navěky trpět, byl Mojžíš ochoten snášet věčnou smrt za odpuštění lidských hříchů.

Co Bůh cítil při pohledu na tohoto Mojžíše? Bohu se velmi zalíbil, protože cele rozuměl Božímu srdci, které nenávidí hřích, a přesto chce spasit hříšníky; Bůh, který odpověděl na jeho modlitby. Bůh považoval Mojžíše samotného za cennějšího než Izraelce jako celek, protože měl srdce, které bylo v Božích očích správné a bylo tak čisté a průzračné jako živá voda vyvěrající u jeho trůnu.

Pokud máte diamant velikosti fazole bez jakéhokoliv kazu nebo skvrnky a stovky kamenů velikosti pěsti, co pro vás bude mít větší hodnotu? Nikdo nevymění kus diamantu za obyčejné kameny.

Proto, když si uvědomíme skutečnost, že hodnota samotného Mojžíše, který dosáhl Božího srdce, byla mnohem větší než celková hodnota všech Izraelců, měli bychom dosáhnout srdce, které je čisté a krásné jako křišťál.

Pavel, apoštol pohanů

Pátou nejvyšší hodnost v nebi má apoštol Pavel, který zasvětil svůj život evangelizaci pohanům. Ačkoliv byl s velikou vášní věrný Božímu království až k smrti, v koutku své mysli vždy pociťoval lítost za to, že kdysi, než přijal Pána, pronásledoval věřící v Ježíše Krista. Proto vyznal v 1 Korintským 15:9: „*Vždyť já jsem nejmenší z apoštolů a nejsem ani hoden jména apoštol, protože jsem pronásledoval církev Boží.*" Nicméně, protože byl tak dobrou nádobou, Bůh si ho vyvolil, tříbil jej a použil si ho jako apoštola pro pohany. 2 Korintským 11:23 dále podrobně vysvětluje mnoho utrpení, která snášel, když kázal evangelium a my můžeme vidět, že trpěl tak mnoho, že dokonce ztratil naději v život. Mnohokrát byl bičován a vězněn. Od Židů byl pětkrát odsouzen ke čtyřiceti ranám bez jedné; třikrát byl trestán holí; jednou byl kamenován; třikrát ztroskotal s lodí, noc a den strávil jako trosečník na širém moři; častokrát byl na cestách; věděl, co je hlad a žízeň, často se postil, v zimě byl bez oděvu (2 Korintským 11:23-27).

Pavel trpěl tak mnoho, že vyznal v 1 Korintským 4:9: „*Skoro se mi zdá, že nás apoštoly Bůh určil na poslední místo, jako vydané na smrt; stali jsme se podívanou světu, andělům i lidem.*" Proč Bůh dopustil, aby Pavel, který byl věrný až na smrt, tak mnoho trpěl a byl pronásledován? Bůh mohl Pavla ochránit od všeho strádání, ale chtěl, aby Pavel prostřednictvím těchto utrpení získal srdce čisté a krásné jako křišťál. Konec konců, apoštol Pavel dokázal získat útěchu a radost pouze u Boha, sám sebe zapřít a získat dokonalou podobu Kristovu. Nyní mohl v 2 Korintským 11:28 vyznat: „*A nadto ještě na mne denně doléhá starost o všechny církve.*"

V Římanům 9:3 rovněž vyznal: „*Přál bych si sám být proklet a odloučen od Krista Ježíše za své bratry, za lid, z něhož pocházím.*" Pavel, který měl takovéto srdce, čisté a krásné jako křišťál, nemohl do nového Jeruzaléma pouze vstoupit, ale rovněž pobývá blízko Božího trůnu.

3. Krásné ženy v Božích očích

Na první hostinu v novém Jeruzalémě jsme se již podívali. Když Bůh Otec vstoupí do sálu, jde za ním žena. Doprovází Boha Otce v bílých šatech, které sahají téměř na zem a krášlí ji mnoho drahokamů. Touto ženou je Marie z Magdaly. S ohledem na okolnosti v tehdejší době, kdy bylo veřejné postavení žen velmi omezené, nemohla pro Boží království mnoho vykonat, ale protože byla v Božích očích velmi krásnou ženou, mohla vstoupit do nejváženějšího místa v nebi.

Zrovna jako existují hodnosti mezi proroky podle toho, jak moc se jejich srdce podobá Božímu srdci, ženy v nebi mají také hodnosti podle toho, do jaké míry byly uznány a milovány Bohem.

Jaký život takové ženy musely žít, aby je Bůh uznával a miloval a staly se čestnými lidmi v nebi?

Marie z Magdaly se se vzkříšeným Pánem setkala jako první

Ženou, kterou Bůh nejvíce miluje, je Marie z Magdaly. Dlouhou dobu byla spoutána mocí temnoty, od druhých se jí dostávalo jen pohrdání a urážek a trpěla různými nemocemi. V jednom z těchto těžkých dnů uslyšela zprávy o Ježíši, připravila drahý parfém a vešla před něj. Slyšela, že Ježíš navštívil dům jednoho z farizejů a šla tedy tam, ale neodvažovala se před něj předstoupit, i když velmi toužila se s ním setkat. Přistoupila zezadu k jeho nohám, začala mu je smáčet slzami a otírat svými vlasy, rozbila nádobku a mazala mu nohy vzácným olejem. Skrze tento čin víry byla zbavena bolestí nemoci a byla za to velmi vděčná. Od té doby Ježíše velmi milovala a následovala ho, kamkoliv šel. Stala se z ní velmi krásná žena, která Ježíši zasvětila celý svůj život (Lukáš 8:1-3).

Následovala Ježíše, i když byl ukřižován a vydechl naposledy, ačkoliv věděla, že samotná její přítomnost si mohla vyžádat její život. Marie zašla daleko za pouhou úroveň odplacení milosti, které se jí dostalo. Následovala Ježíše a obětovala všechno včetně svého života.

Marie z Magdaly, která Ježíše velmi milovala, se stala prvním člověkem, který se setkal s Pánem po jeho vzkříšení. Stala se největší ženou v historii lidstva, protože měla velmi dobré srdce a vyznačovala se krásnými skutky, které dojaly i Boha.

Panna Marie, které bylo požehnáno, aby počala Ježíše

Druhou z nejkrásnějších žen v Božích očích je panna Marie, které bylo požehnáno, aby počala Ježíše, který se stal Spasitelem celého lidstva. Asi před 2 000 lety musel přijít Ježíš v těle, aby vykoupil lidstvo z jeho hříchů. Aby k tomu mohlo dojít, vyžadovalo si to vhodnou ženu v Božích očích a k tomu byla vyvolena Marie, která byla v té době zasnoubena s Josefem. Bůh jí dal prostřednictvím archanděla Gabriela předem vědět, že počne Ježíše skrze Ducha svatého. Marie nedala průchod žádným lidským myšlenkám, ale statečně vyznala svou víru: *„Hle, jsem služebnice Páně; staň se mi podle tvého slova"* (Lukáš 1:38).

Jestliže v té době otěhotněla panna, nejenže upadla do veřejné hanby, ale byla podle Mojžíšova zákona ukamenována. Ona nicméně hluboko ve svém srdci věřila, že u Boha není nic nemožné a žádala, aby se stalo, jak bylo řečeno. Měla dostatečně dobré srdce, aby poslechla Boží slovo, třebaže jí to mohlo dost dobře stát vlastní život. Jak šťastná a vděčná byla, když nejprve počala Ježíše a když pak sledovala, jak vyrůstá v Boží moci! Pro Marii, která byla pouhým stvořením, to bylo ohromné požehnání. Proto byla tak šťastná při pouhém pohledu na Ježíše a sloužila mu a milovala ho více než svůj život. A tak Bůh panně Marii hojně požehnal a dostalo se jí mezi všemi ženami v nebi a hned vedle Marie z Magdaly nehynoucí slávy.

Ester se pro Boží vůli nebála ničeho

Ester, která statečně zachránila svůj lid díky své víře a lásce, se stala v Božích očích krásnou ženou a dosáhla tak nejčestnějšího postavení v nebi.

Potom, co perský král Achašveróš odebral královně Vašti královskou hodnost, byla Ester mezi mnohými nejkrásnějšími ženami vybrána, aby se stala královnou, třebaže byla Židovka. Byla králem i mnoha lidmi milována, protože se ani ráda nepředváděla ani nebyla pyšná, ale zdobila se střízlivě a s elegancí, třebaže byla velmi překrásná.

Mezitím, co získala královské postavení, se Židé dostali do kritické situace. Haman Agagovec, kterého si král oblíbil, se rozzuřil, když před ním Žid jménem Mordokaj neklekal a neprojevoval mu úctu a čest. A tak zorganizoval spiknutí, aby zničil všechny Židy v Persii a získal povolení od krále tak učinit.

Ester se za svůj lid po tři dny postila a rozhodla se předstoupit před krále (Ester 4:16). Podle perského práva v té době, když někdo předstoupil před krále, aniž by byl pozván, byl usmrcen.

Jen ten, k němuž král vztáhnul zlaté žezlo, zůstal naživu. Po třech dnech půstu se Ester spolehla na Boha a předstoupila před krále se svým rozhodnutím: „Mám-li zahynout, zahynu." V důsledku intervence Boha byl Haman, který zosnoval spiknutí, zabit. Ester nejenže zachránila svůj lid, ale král ji ještě více miloval.

Podobně byla i Ester uznána za krásnou ženu a dosáhla slavného postavení v nebi, protože byla pevná v pravdě a měla odvahu vzdát se svého vlastního života, pokud to znamenalo následovat Boží vůli.

Rút měla krásné a dobré srdce

Nyní se ponořme do života Rút, která byla rovněž uznána za krásnou ženu v Božích očích a stala se jednou z největších žen v nebi. Jaké měla srdce a jaké skutky prokázala, že se zalíbila Bohu, který jí požehnal?

Moábská Rút se vdala za Izraelitu, jehož rodina se přistěhovala na Moábská pole kvůli hladomoru, ale záhy svého manžela ztratila. Všichni muži v její rodině brzy zemřeli, tak žila se svou tchyní Noemi a švagrovou Orpou. Noemi, znepokojená jejich budoucností, navrhla svým dvěma snachám, aby se vrátily zpátky ke svým rodinám. Orpa opustila Noemi v slzách, ale Rút zůstala a učinila dojemné vyznání:

> *Nenaléhej na mne, abych tě opustila a vrátila se od tebe. Kamkoli půjdeš, půjdu, kdekoli zůstaneš, zůstanu. Tvůj lid bude mým lidem a tvůj Bůh mým Bohem. Kde umřeš ty, umřu i já a tam budu pochována. Ať se mnou Hospodin udělá, co chce!*

Rozdělí nás od sebe jen smrt.

Protože měla Rút takto krásné srdce, nikdy nemyslela na svůj vlastní prospěch, ale pouze následovala dobro, třebaže jí to mohlo uškodit a konala svou povinnost a věrně sloužila své tchyni. Jednání Rút, která sloužila své tchyni, bylo tak obdivuhodné, že celá vesnice věrnost Rút znala a milovala ji. Nakonec se Rút za pomoci své tchyně vdala za muže jménem Bóaz, svého zastánce a vykupitele. Porodila syna a stala se prababičkou krále Davida (Rút 4:13-17). Kromě toho bylo Rút požehnáno tak, že se nachází v rodokmenu Ježíše, třebaže byla pohanskou ženou (Matouš 1:5-6) a stala se vedle Ester jednou z nejkrásnějších žen v nebi.

4. Marie z Magdaly stojící blízko Božího trůnu

Jaký je však důvod pro to, že nám Bůh dává vědět o první hostině v novém Jeruzalémě a o postavení proroků a žen? Bůh lásky nejenže chce, aby všichni lidé získali spasení a dosáhli nebeského království, ale také, aby se jejich srdce podobalo jeho srdci tak, aby mohli stát blízko jeho trůnu v novém Jeruzalémě.

Abychom získali čest stát blízko Božího trůnu v novém Jeruzalémě, musí se naše srdce podobat jeho srdci, které je čisté a krásné jako křišťál. Musíme dosáhnout krásného srdce podobajícího se dvanácti základům hradeb nového Jeruzaléma.

Proto se nyní hlouběji ponoříme do života Marie z Magdaly, která slouží Bohu Otci a stojí blízko jeho trůnu. Zatímco jsem se modlil za „Lectures on the Gospel of John" (Slovo o Janově evangeliu), dozvěděl jsem se skrze inspiraci Duchem svatým velmi podrobné zprávy o životě Marie z Magdaly. Bůh mi zjevil rodinu, do které se Marie z Magdaly narodila, dále to, jak žila a jak šťastnému životu se mohla těšit potom, co se setkala s Ježíšem, naším Spasitelem. Doufám, že budete následovat její krásné a dobré srdce, které se za všechno obviňovalo a její životodárnou lásku k Pánu natolik, že také dosáhnete cti stát blízko Božího trůnu.

Narodila se do rodiny uctívající modly

Byla pojmenována „Marie Magdalská," protože se narodila ve vesnici zvané „Magdala," která byla plná uctívačů model. Její rodina nebyla výjimkou; ležela nad ní po mnohé generace kletba kvůli vážnému uctívání model, a tak v ní bylo mnoho problémů.

Marie z Magdaly, která se narodila v nejhorší duchovní situaci, která snad mohla nastat, nemohla pořádně jíst kvůli gastroenteritidě. Protože byla po většinu času fyzicky slabá, její tělo bylo náchylné k různým nemocem. Kromě toho se jí v mladém věku zastavila menstruace a ona tak ztratila pro ženu velmi důležité poslání. Proto vždy zůstávala tiše ve svém domě, jakoby zde ani nebyla přítomna. Nicméně, ačkoliv byla přehlížena a i její rodinní příslušníci s ní zacházeli chladně, nikdy si na ně nestěžovala. Namísto toho je chápala a pokoušela se pro ně být zdrojem síly, když dávala vinu pouze sobě. Když si však uvědomila, že pro své rodinné příslušníky nedokáže být zdrojem síly, ale zůstává pro ně pouze břemenem, svou rodinu opustila. Nebylo to z nenávisti ani z odporu k jejich špatnému zacházení, ale pouze proto, že pro ně nechtěla být břemenem.

Pokoušela se dělat, co bylo v jejích silách a obviňovala jen sebe

Mezitím se setkala s jedním mužem a pokoušela se na něj spolehnout, ale on měl špatné srdce. Nesnažil se podporovat rodinu, ale byl hazardním hráčem. Žádal Marii z Magdaly, aby mu nosila víc peněz, často na ni křičel a bil ji. Marie začala se šitím, zatímco hledala stálejší zdroj příjmů. Protože však byla přirozeně slabá a pracovala celý den, ještě více zeslábla a nakonec se musela spoléhat na někoho jiného, aby se vůbec mohla někam dostat. Nicméně, třebaže podporovala tohoto muže, nebyl jí ani trochu vděčný, ale pouze ji znevažoval a ničil. Marie z Magdaly k němu necítila nenávist, ale namísto toho jí bylo líto, že mu nemohla být větší pomocí kvůli svému slabému tělu a pokládala všechno jeho špatné zacházení za logické.

Když byla v takto zoufalé situaci, opuštěná svými rodiči, bratry a tímto mužem, uslyšela velmi dobré zprávy. Uslyšela zprávy o Ježíši, který konal úžasné zázraky jako navrácení zraku slepým a řeči němým. Když Marie z Magdaly uslyšela o všech těchto věcech, neměla nejmenší pochybnosti o znameních a zázracích, které Ježíš konal, protože měla velmi dobré srdce. Namísto toho měla víru, že její slabost a nemoci budou uzdraveny, jakmile se s Ježíšem setká.

S vírou se toužila s Ježíšem setkat. Nakonec slyšela, že Ježíš přišel do její vesnice a pobývá v domě farizeje Šimona.

Vylití parfému s vírou

Marie byla tak šťastná, že koupila parfém za peníze, které

ušetřila šitím. Co prožívala před setkáním s Ježíšem, se nedá dostatečně popsat.

Lidé se jí pokoušeli zabránit v tom, aby se k němu přiblížila kvůli jejím otrhaným šatům, ale nikdo nemohl zabránit jejímu nadšení. Navzdory ostrým pohledům lidí Marie předstoupila před Ježíše a jak uviděla jeho laskavý výraz ve tváři, začala prolévat slzy.

Netroufala si stát před Ježíšem, tak si stoupla za něj. Když se sklonila k jeho nohám, začala prolévat ještě více slz a smáčela mu nohy. Otírala mu je svými vlasy, rozbila nádobku s parfémem a mazala mu jím nohy, protože pro ni byl velmi vzácný.

Vzhledem k tomu, že Marie z Magdaly přišla před Ježíše s mnohem větší vážností, nebyly jí pouze odpuštěny její hříchy, aby získala spasení, ale došlo k úžasnému uzdravení ze všech jejích vnitřních nemocí a také kožní nemoci. Všechny části jejího těla začaly znovu normálně fungovat a začala mít i menstruaci. Její tvář, která vypadala ošklivě kvůli mnoha nemocem, se naplnila radostí a štěstím a její tělo, které bylo velmi slabé, se uzdravilo. Nalezla znovu svou hodnotu jako žena a nebyla již déle svázána mocí temnoty.

Následování Ježíše až do konce

Marie z Magdaly získala něco, za co byla vděčnější než za uzdravení. Byla to skutečnost, že se setkala s osobou, která ji zaplavila láskou, které se jí od nikoho předtím nikdy nedostalo. Od té doby obětovala s velkou radostí a vděčností všechen svůj čas a nadšení Ježíši. Protože jí bylo navráceno zdraví, mohla Ježíše podporovat finančně z peněz utržených za šití a jiné práce a následovala ho z celého svého srdce.

Marie z Magdaly nenásledovala Ježíše pouze, když konal znamení a zázraky a měnil životy mnohých svými mocnými poselstvími, ale byla s ním, když byl sužován římskými vojáky a nesl kříž. Byla u něj, i když byl Ježíš pověšen na kříž. Navzdory skutečnosti, že si samotná její přítomnost mohla vyžádat její život, Marie šla na Golgotu a následovala Ježíše, který nesl kříž.

Co musela cítit, když Ježíš, kterého opravdově milovala, trpěl tak velikou bolestí a prolil všechnu svou krev a vodu?

Pane, co mohu udělat,
co jen mohu udělat?
Pane, jak jen mohu žít?
Jak jen mohu žít bez Tebe, Pane?

...

Kéž bych mohla prolít krev,
kterou jsi prolil Ty,
kéž bych mohla trpět bolestí,
kterou trpíš Ty.

...

Pane,
nemohu žít bez Tebe.
Nemohu žít,
pokud nejsem s Tebou.

Marie z Magdaly neodtrhla své oči z Ježíše, dokud naposledy nevydechl a pokoušela se vrýt lesk jeho očí a jas jeho tváře hluboko do svého srdce. Kromě toho sledovala Ježíše až do poslední chvíle a následovala Josefa z Arimatie, který dal tělo Ježíše do hrobu.

Svědkem vzkříšení Pána za svítání

Marie z Magdaly čekala, až skončí sabat a prvního dne za svítání po sabatu šla k hrobu, aby namazala Ježíšovo tělo vonnými mastmi. Nemohla však jeho tělo najít. Byla hluboce zarmoucena a plakala, až se jí zjevil vzkříšený Pán. Tak se jí dostalo té cti, že se setkala se vzkříšeným Pánem dříve, než kdokoliv jiný.

I potom, co Ježíš zemřel na kříži, nemohla v jeho smrt uvěřit. Ježíš byl její všechno a ona ho velmi milovala. Jak šťastná byla, když se v tak hrozné situaci setkala se vzkříšeným Pánem! Hluboce dojata nemohla přestat prolévat slzy. Nejprve Pána nepoznala, ale když ji svým laskavým hlasem oslovil: „Marie," poznala ho. V Janovi 20:17 jí vzkříšený Pán říká: *„Nedotýkej se mne, dosud jsem nevystoupil k Otci. Ale jdi k mým bratřím a pověz jim, že vystupuji k Otci svému i Otci vašemu a k Bohu svému i Bohu vašemu."* Protože Pán Marii také velmi miloval, ukázal se jí ještě dříve, než se po vzkříšení setkal s Otcem.

Doručení zprávy o Ježíšově vzkříšení

Dokážete si představit, jak nezadržitelně šťastná musela Marie být, když se setkala se vzkříšeným Pánem, kterého tak moc milovala? Vyznala, že chce s Pánem zůstat navěky. Pán znal její srdce, ale vysvětlil jí, že s ním nemůže zůstat a svěřil jí poslání. Měla učedníkům doručit zprávu o jeho vzkříšení, protože jejich mysl potřebovala dát do pořádku a utěšit po šoku způsobeném Ježíšovým ukřižováním.

V Janovi 20:18 vidíme, že: „*Marie Magdalská šla k učedníkům a oznámila jim: ,Viděla jsem Pána a toto mi řekl.'*" Skutečnost, že byla Marie Magdalská svědkem vzkříšeného Pána dříve, než kdokoliv jiný a doručila tuto zprávu učedníkům, nebyla shodou okolností. Bylo to výsledkem celé její oddanosti a služby Pánu s horlivou láskou k němu.

Kdyby se Pilát zeptal, kdo by se nechal ukřižovat namísto Ježíše, byla by první, kdo by řekl „Ano" a šla by; Marie Magdalská milovala Ježíše více než svůj vlastní život a sloužila mu s naprostou oddaností.

Pocta sloužit Bohu Otci

Marie Magdalská, která měla velmi dobré srdce, v němž nebylo nejmenšího zla a dovršila duchovní lásky, se Bohu velmi zalíbila. Marie milovala Ježíše neměnnou a opravdovou láskou od chvíle, kdy se s ním poprvé setkala. Bůh Otec, který přijal její dobré a krásné srdce, ji chtěl mít nablízku, aby mohl vnímat příjemnou a nádhernou vůni jejího srdce. To je důvod, proč když nastal čas, dovolil Marii Magdalské dosáhnout slávy sloužit mu a dokonce se dotýkat jeho trůnu.

To, po čem touží Bůh Otec nejvíce, je získat skutečné děti, se kterými by mohl navěky sdílet svou opravdovou lásku. Proto plánoval tříbení člověka, sám sebe zformoval do Trojice, čekal a po velmi dlouhou dobu snášel lidské bytosti na zemi.

Nyní, když jsou všechny nebeské příbytky připravené, objeví se Pán v oblacích a uspořádá svatební hostinu se svými nevěstami. Potom je nechá spolu s ním vládnout po dobu jednoho tisíce let a zavede je do nebeských příbytků. S Boží trojicí pak budeme žít navěky v největším štěstí a radosti v nebi, které je jasné, průzračné a překrásné jako křišťál a naplněné Boží slávou. Jak šťastní budou ti, kdo vstoupí do nového Jeruzaléma, neboť se s Bohem setkají tváří v tvář a zůstanou s ním navždy!

Před dvěma tisíci lety se Ježíš zeptal: „*Ale nalezne Syn člověka víru na zemi, až přijde?*" (Lukáš 18:8) V dnešní době je velmi těžké najít opravdovou víru.

Apoštol Pavel, který vedl misii a kázal evangelium pohanům, napsal krátce před svou smrtí dopis Timoteovi, svému duchovnímu synovi, který sám trpěl kacířskými rozpory a pronásledováním u křesťanů.

Před Bohem a Kristem Ježíšem, který bude soudit živé i mrtvé, tě zapřísahám pro jeho příchod a jeho království: Hlásej slovo Boží, ať přijdeš vhod či nevhod, usvědčuj, domlouvej, napomínej v trpělivém vyučování. Neboť přijde doba, kdy lidé nesnesou zdravé učení, a podle svých choutek si seženou učitele, kteří by vyhověli jejich přáním. Odvrátí sluch od pravdy a přikloní se k bájím. Avšak ty buď ve všem střízlivý, snášej útrapy, konej dílo zvěstovatele evangelia a cele se věnuj své službě. Neboť já již budu obětován, přišel čas mého odchodu. Dobrý boj jsem bojoval, běh jsem dokončil, víru zachoval. Nyní je pro mne připraven vavřín spravedlnosti, který mi dá v onen den Pán, ten spravedlivý soudce. A nejen mně, nýbrž všem, kdo s láskou vyhlížejí jeho příchod (2 Timoteovi 4:1-8).

Jestliže doufáte v nebe a toužíte po Pánově příchodu, musíte se pokoušet žít podle Božího slova a bojovat dobrý boj. Apoštol Pavel se vždy radoval, ačkoliv při tom, jak šířil dobrou zprávu, mnoho trpěl.

Proto musíme rovněž posvěcovat svá srdce a konat své povinnosti nad rámec očekávání, abychom se zalíbili Bohu a mohli s ním navěky sdílet opravdovou lásku v blízkosti Božího trůnu.

„Můj Pane,
který přicházíš
v oblacích slávy,
toužím po dnu,
kdy mne obejmeš!
U Tvého slavného trůnu
budeme navždy sdílet lásku,
kterou jsme nemohli sdílet na zemi
a vzpomínat spolu na minulost.
Ó! Až mě Pán zavolá,
půjdu do nebeského království
a budu tančit!
Ó, nebeské království!"

O autorovi:
Dr. Jaerock Lee

Dr. Jaerock Lee se narodil v roce 1943 v Muanu, v provincii Jeonnam, v Korejské republice. Ve svých dvaceti letech trpěl Dr. Lee po dobu sedmi let rozmanitými nevyléčitelnými chorobami a očekával smrt bez jakékoliv naděje na uzdravení. Jednoho jarního dne v roce 1974 ho jeho sestra odvedla na církevní shromáždění, a když poklekl, aby se pomodlil, živý Bůh ho okamžitě uzdravil ze všech jeho nemocí.

Od chvíle, kdy se skrze tuto úžasnou zkušenost Dr. Lee setkal s živým Bohem, začal Boha upřímně milovat celým svým srdcem a v roce 1978 byl povolán k tomu, aby se stal Božím služebníkem. Vroucně se modlil a nesčetněkrát držel spolu s modlitbami půst, aby mohl jasně porozumět Boží vůli, cele ji vykonávat a být poslušný Božímu slovu. V roce 1982 založil v Soulu, v Jižní Koreji, církev Manmin Central Church, kde se koná nesčetné Boží dílo včetně nadpřirozených uzdravení, znamení a zázraků.

V roce 1986 byl Dr. Lee při výročním shromáždění církve Jesus' Sungkyul Church of Korea ustanoven pastorem a o čtyři roky později, v roce 1990, začala být jeho kázání vysílána prostřednictvím rozhlasových stanic the Far East Broadcasting Company, the Asia Broadcast Station a the Washington Christian Radio System v Austrálii, Rusku, na Filipínách a v mnoha dalších zemích.

O tři roky později, v roce 1993, byla církev Manmin Central Church vybrána časopisem *Christian World* (USA) mezi „50 nejpřednějších církví na světě" a Dr. Lee obdržel od fakulty Christian Faith College na Floridě čestný doktorát z teologie. V roce 1996 získal za svou službu od semináře Kingsway Theological Seminary v Iowě titul Ph. D.

Od roku 1993 převzal Dr. Lee vedení světové misie prostřednictvím mnoha zahraničních cest do amerických měst Los Angeles, Baltimoru a New Yorku, dále na Havaj, do Tanzánie, Argentiny, Ugandy, Japonska, Pákistánu, Keni, na Filipíny, do Hondurasu, Indie, Ruska, Německa, Peru, Demokratické republiky Kongo a do Izraele.

V roce 2002 byl většinou křesťanských novin v Koreji kvůli své mocné službě na rozmanitých zahraničních kampaních nazván „celosvětovým evangelistou." ‚Kampaň v New Yorku 2006', která se konala v Madison Square Garden, nejznámější hale na světě, se vysílala 220 národům a na ‚Sjednocené kampani v Izraeli 2009' pořádané v ICC (International Convention Center) v Jeruzalémě prohlašoval, že Ježíš Kristus je Mesiáš a Spasitel. Jeho kázání se vysílají přes satelit včetně GCN TV 176 národům a v žebříčku se podle populárního ruského křesťanského časopisu *In Victory* a nové zpravodajské agentury *Christian Telegraph* za svou mocnou službu v oblasti TV vysílání a za svou zahraniční církevní pastorační službu umístil jako jeden z 10 nejvlivnějších křesťanských vůdců roku 2009 a 2010.

K Dubna 2017 je církev Manmin Central Church kongregací s více než 120 000 členy. Má rovněž 11 000 poboček po celé zeměkouli včetně 56 domácích poboček a doposud vyslala více než 102 misionářů do 23 zemí včetně Spojených států, Ruska, Německa, Kanady, Japonska, Číny, Francie, Indie, Keni a mnoha dalších.

Ke dni vydání této knihy napsal Dr. Lee 107 knih včetně bestselerů *Ochutnání Věčného Života před Smrtí (Tasting Eternal Life before Death)*, *Můj Život, Má Víra I & II (My Life My Faith I & II)*, *Poselství Kříže (The Message of the Cross)*, *Měřítko Víry (The Measure of Faith)*, *Nebe I & II (Heaven I & II)*, *Peklo (Hell)* a *Boží Moc (The Power of God)*. Jeho díla byla přeložena do více než 76 jazyků.

Jeho křesťanské sloupky se objevují v *The Hankook Ilbo, The JoongAng Daily, The Dong-A Ilbo, The Seoul Shinmun, The Hankyoreh Sinmun, The Korea Economic Daily, The Korea Herald, The Shisa News,* a v *The Christian Press.*

Dr. Lee je v současné době vedoucím mnoha misionářských organizací a asociací včetně: předseda The United Holiness Church of Jesus Christ; zakladatel & předseda výboru Global Christian Network (GCN); zakladatel & předseda výboru World Christian Doctors Network (WCDN); a zakladatel & předseda výboru Manmin International Seminary (MIS).

Další mocné knihy od stejného autora

Nebe I

Podrobný náčrt úžasného životního prostředí, z kterého se budou těšit nebeští občané a krásný popis různých úrovní nebeských království.

Poselství Kříže

Mocné poselství vyzývající k probuzení všechny lidi, kteří duchovně spí! V této knize najdete skutečnou Boží lásku a důvod, proč je Ježíš jediným Spasitelem.

Peklo

Vážné poselství celému lidstvu od Boha, který si přeje, aby ani jedna duše nepropadla do hloubek pekla! Objevíte nikdy předtím nezjevený popis kruté reality dolního podsvětí a pekla.

Duch, Duše a Tělo I & II

Průvodce, který nám umožní duchovní porozumění duchu, duši a tělu a pomůže nám objevit, jaký druh ‚já' jsme si vytvořili, abychom pak mohli získat moc porazit temnotu a stát se člověkem ducha.

Měřítko Víry

Jaký nebeský příbytek, koruna a odměna jsou pro vás připraveny v nebi? Tato kniha vám poskytne moudrost a vedení, abyste dokázali změřit svou víru, co nejlépe ji tříbit a dozrát v ní.

Probuď se, Izraeli!

Proč Bůh od počátku tohoto světa až do dnešního dne upírá své oči právě na Izrael? Jakou prozíravost v posledních dnech připravil pro Izrael, který stále očekává Mesiáše?

Můj Život, Má Víra I & II

Nejvoňavější duchovní vůně vytažená z života, který vykvetl z nepřekonatelné Boží lásky uprostřed temných vln, chladného jha a nejhlubšího zoufalství.

Boží Moc

Četba, která slouží jako nepostradatelný průvodce, díky němuž můžete získat opravdovou víru a zažít úžasnou Boží moc.

www.urimbooks.com

www.ingramcontent.com/pod-product-compliance
Lightning Source LLC
LaVergne TN
LVHW041924070526
838199LV00051BA/2715